Celina del Amo
Dr. med. vet.
Renate Jones-Baade
Karina Mahnke

Der Hunde-Führerschein

Sachkunde – Basiswissen und Fragenkatalog

2., aktualisierte Auflage

31 Farbfotos
5 Ze

Ulmer

Inhalt

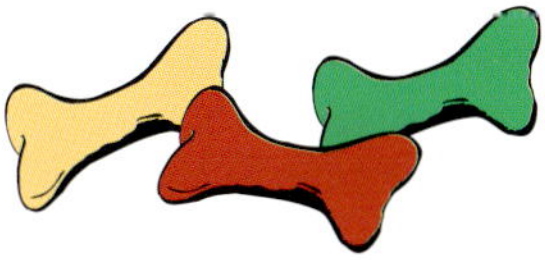

Vorwort

Für
Natalia und Paloma,
Rob, Ernst und Gerry,
Patrick und Rika.

Lieber Hundebesitzer,

vielleicht haben auch Sie das Gefühl, dass in der Hundehaltung "nichts mehr so ist, wie früher". Seitdem zwei Hunde den Tod eines kleinen Jungen herbeigeführt haben, hat sich die Rechtslage bezüglich der Hundehaltung bundesweit drastisch verändert. Der Umgang mit der neuen Situation wird dabei durch die uneinheitlichen Regelungen der einzelnen Länder erschwert.

Aber nicht nur die Rechtslage hat sich geändert – in den letzten Jahren hat sich ein stetiger Wandel von althergebrachten Erziehungsmethoden hin zu modernem, an der Lernbiologie orientiertem Hundetraining vollzogen. Auch das Streben nach artgerechter Hundehaltung hat zugenommen.

Mit diesem Buch möchten wir Ihnen sowohl einen Überblick über den aktuellen Stand des Wissens geben, damit Sie den Anforderungen an die heutige Hundehaltung auf die beste Weise gerüstet entgegensehen können, als auch den Hundeführerschein des BHV (Berufsverband der Hundeerzieher und Verhaltensberater) vorstellen.

Der Hundeführerschein des BHV wird durch die Bundestierärztekammer neben anderen zum Nachweis der Sachkunde empfohlen. Auch die Expertengruppe "Der gefährliche Hund" der Tierärztlichen Gesellschaft für Tier-Verhaltenstherapie (GTVT) empfiehlt den BHV-Hundeführerschein als Sachkundenachweis.

Wir wünschen Ihnen viel Spaß beim Lesen und bei der Bearbeitung der Fragen!

Herzliche Grüße
Celina del Amo, Renate Jones-Baade und Karina Mahnke

Sommer 2002

Entwicklungsgeschichte des Hundes

Es gibt heute auf der Welt über 400 verschiedene Hunderassen. Alle haben einen gemeinsamen Stammvater: den Wolf. Man weiß durch Knochenfunde, dass Hunde schon seit etwa 12 000 Jahren mit Menschen zusammen leben.

Vermutlich haben die Wölfe zunächst die Nähe des Menschen gesucht, weil dort vielleicht Reste von Jagdbeute für sie übrig blieben. Wahrscheinlich wurden hin und wieder einmal Wolfswelpen von Menschen aufgezogen. Die Wölfe, die leicht zähmbar waren, blieben, die anderen wurden verjagt oder getötet und verwertet. Irgendwann bekamen auch die zahmen Wölfe in der Umgebung der Menschen Junge und es begann eine Selektion auf die charakterlichen Merkmale, die den Menschen gefielen.

Aus dem Wildtier Wolf wurde im Laufe der Zeit das Haustier Hund. Diesen Prozess nennt man Domestikation.

Auch in der heutigen Zeit haben Hunde aber immer das Potenzial zum Raubtier. Wenn sie jedoch – und das ist schließlich meistens der Fall – in menschlicher Obhut aufwachsen und mit dem Menschen schon als kleiner Welpe positive Erfahrungen machen, sind sie an den Menschen gut sozialisiert. Menschen gehören in den Augen des Hundes dann sozusagen zu einer befreundeten Art und werden behandelt wie andere Hunde.

Die Auswahl von Zuchttieren ging im Laufe der Zeit aber noch weiter. Man wollte Spezialisten haben, die ganz besondere Talente besaßen – z.B. für die verschiedenen Jagdaufgaben, als Hütehunde, Schlittenhunde oder Wachhunde.

Dies schlägt sich nicht nur im Aussehen, also dem Körperbau und der Fellbeschaffenheit nieder, sondern vor allem auch in der charakterlichen Veranlagung der Tiere. Auch die unterschiedliche gesellschaftliche Stellung, die Hunde in den verschiedenen Kulturen der Erde haben, spiegelt sich in bestimmten Rassen wider.

Die einzelnen Hunderassen unterscheiden sich im Aussehen und in der Veranlagung stark.

Der Hund ist und bleibt ein Jäger, ein domestiziertes Raubtier und auf jeden Fall ein soziales Rudeltier, das auf Kontakte mit Artgenossen oder dem Menschen angewiesen ist.

Bei der Auswahl der Rasse sollte man vor allem auf die jeweiligen Unterschiede in der Veranlagung achten.

	Bauernhunde	**Treibhunde**	**Herdenschutz-hunde**	**Hütehunde**	**Diensthunde (Schäferhunde)**
Aufgaben	► Wächter von Haus und Hof ► wurden auch als Treib- und Zughunde eingesetzt	► Treiben der Rinderherden ► Wächter der Rinderherden	► Bewachen der Vieh- und Schafherden, sowie des Besitzers (gegen Bären, Wölfe und Diebe) ► verbleiben häufig mehrere Tage alleine mit der Herde	► Zusammentreiben und Zusammenhalten der Schafe unter dem Kommando des Hirten ► sollen ein wehriges Schaf auch packen, es aber dabei nicht verletzen	► spezielle Selektion für den Schutzdienst
Rasse-beispiele	Großer Schweizer Sennenhund, Bernhardiner	Appenzeller- und Entlebucher Sennenhunde, Rottweiler	Owczarek Podhalanski, Kuvasz, Kangal, Pyrenäenberghund	Border Collie, Australian Shepherd, Harzer Fuchs	Hovawart, Dtsch. Schäferhund, Dobermann, Schwarzer Russischer Terrier
Talente	► kräftige Tiere, die auch heute noch Zuglasten ziehen können ► neigen wenig zum Streunen, bleiben meist bereitwillig beim Anwesen ► eher ruhiges Temperament	► Hunde, die von sich aus sehr wachsam sind ► temperamentvoll	► sehr selbständig ► hohe Verteidigungsbereitschaft	► wendige, sehr lauffreudige und schnelle Hunde ► hohe Arbeitsbegeisterung	► schnelle und lauffreudige Hunde ► lassen sich gerne anleiten und arbeiten mit Begeisterung mit ► vielseitig z.B. Fährte, Schutzdienst, Laufsportarten
Mögliche Probleme	► große, kräftige Tiere ► territoriale Veranlagung	► kräftige Tiere ► territoriale Veranlagung ► besonders in Arbeitslinien ist die Tendenz nach den Fesselgelenken (Füßen, Knöchel) zu schnappen sehr verbreitet	► sehr starke territoriale Veranlagung ► starkes Rangstreben ► Probleme bei der Einflußnahme durch den Besitzer ► sehr selbständige, große, kräftige Tiere ► besonders in Dämmerung sehr mißtrauisch ► extrem anfällig für Sozialisationsmängel	► Hüteverhalten kann bei Unterbeschäftigung als lästiger „Spleen" auftreten ► großes Lauf- und Arbeitsbedürfnis ist nicht leicht zu stillen ► sehr anfällig für Verhaltensprobleme durch mangelnde geistige Beschäftigung	► Lauf- und Arbeitsbedürfnis muß unbedingt gestillt werden ► Rangstreben ► starke territoriale Veranlagung

Doggenartige (Molosser)	Pinscher und Schnauzer	Spitze und Hunde vom Urtyp		
		Nordische Hunde		
		Schlittenhunde	**Jagdhunde**	**Hütehunde**
► Wachhunde ► Jagdhunde ► Kampfhunde gegen Bären und Bullen ► Kriegshunde ► Begleithunde des Adels	► Bewachen der Stallungen und Rattenvertilger ► Begleiter und Verteidiger der Kutschen	► Schlitten ziehen ► Jagd	► Stumme Jagd ► verbellen Wild erst, wenn sie es gestellt haben	► Hütearbeit ► Bewachen der Wohnstätte
Deutsche Dogge, Bordeaux Dogge, Mastiff, Mastino Napoletano	Deutscher Pinscher, Mittelschnauzer	Husky, Alaskan Malamute, Samojede, Grönlandhund	Laiki, Jämthund, Elchhund	Lappenspitz, Buhund
► große, kräftige, recht ruhige Hunde ► je nach ursprünglicher Verwendung (Jagen, Wachen, Verteidigen) ► imposanter Begleithund	► sehr wendige und schnelle Hunde ► ausgeprägte Jagdpassion ► „Draufgänger"	► kräftige Hunde ► Schlitten ziehen und andere Laufsportarten ► Jagdpassion	► Laufsportarten ► Jagd	► kräftig und lauffreudig
► große, kräftige Hunde ► viele Rassen sind von gravierenden Skelettproblemen betroffen ► je nach ursprünglicher Verwendung territoriale Veranlagung	► Jagdveranlagung ► territoriale Veranlagung	► starke Jagdveranlagung ► starkes Rangstreben ► großes Bewegungsbedürfnis ► selbständiger Charakter	► starke Jagdveranlagung ► großes Bewegungsbedürfnis ► selbständiger Charakter ► z.T. bellfreudig	► großes Bewegungsbedürfnis ► territoriale Veranlagung ► bellfreudig

Bei der Auswahl der Rasse sollte man vor allem auf die jeweiligen Unterschiede in der Veranlagung achten.

	Spitze und Hunde vom Urtyp		**Zwerghunde**	**Terrier**	
	mitteleuropäische und asiatische Spitze	**Hunde vom Urtyp**			**Schweißhunde**
Aufgaben	► Wachhunde (sog. Mistbeller) ► Fleischproduktion	► Jagdhunde ► Wachhunde ► verwilderte Haushunde	► keine spezielle Aufgabe ► wurden gezüchtet, um als Schoßhunde bei Hof gehalten zu werden	► Jagd auf Fuchs, Dachs, Kaninchen, Ratten und Mäuse	► Schweißarbeit (Fährte eines verwundeten Tieres aufspüren)
Rassebeispiele	Wolfsspitz, Mittelspitz, Kleinspitz, Eurasier, Chow Chow, Japanspitz	Dingos, Kanaan Hund, Podencos, Basenjis	Malteser, Havaneser, Pekinese, Zwergspaniel	Jack Russel-, Welsh-, Border-, Yorkshire-, Cairn Terrier	► Hannoverscher Schweißhund, Bayrischer Gebirgsschweißhund
Talente	► gute Wächter ► kaum Tendenz zu Streunen	► je nach ursprünglicher Verwendung ► meist Jagdaufgaben, teilweise gute Wächter	► agile Kleinhunde ► arbeiten freudig mit, wenn sie entsprechend angeleitet werden ► spielfreudig	► lauffreudig ► agile Hunde ► Jagdpassion	► vielseitig, lauffreud
Mögliche Probleme	► bellfreudig ► selbständiger Charakter ► territoriale Veranlagung	► je nach ursprünglicher Verwendung ► oft starke Jagdpassion ► sehr selbstständig und ungebunden ► Dingos sind Wildtiere; keine Haltung als Haus- und Familienhund möglich	► benötigen von Anfang an ausreichend Sozialkontakte ► werden häufig unterfordert ► bellfreudig	► Jagdeifer ► selbständig ► territoriale Veranlagung ► leicht erregbar	► starke Jagdpassion mit Neigung zum Wildern und Streunen, wenn sie nicht beschäftigt werden

Jagdhunde					
Niederläufige Bracken	**Laufhunde/ Bracken**	**Vorstehhunde**	**Stöberhunde**	**Apportierer**	**Windhunde**
► Hasen-, Fuchs-, Dachsjagd ► Nachsuchen ► Stöbern ► Baujagd	► Jagen in Meute oder paarweise bei Hetzjagden ► Hasen-, Fuchs-, Dachsjagd ► Schweißarbeit ► jagen spurlaut	► Vorstehen ► Apportieren	► Stöbern (Aufscheuchen von Wild) ► Apportieren	► Apportieren auch aus dem Wasser	► Jagen auf Sicht, unabhängig vom Besitzer
Dackel, Westfälische Dachsbracke, Petit Basset Griffon Vendéen	Foxhound, Beagle, Brandlbracke	Pointer, Dtsch. Vorstehunde, Setter	Spaniel, Deutscher Wachtelhund	Labrador, Golden Retriever, Spanischer Wasserhund, Wasserspaniel	Afghane, Barsoi, Whippet
e Nase, je nach ursprünglichem Zuchtziel und ursprünglicher Verwendung Spezialtalente, ausgeprägte Jagdpassion					
► starke Jagdpassion ► selbständig	► starke Jagdpassion mit Neigung zum Wildern und Streunen, wenn sie nicht beschäftigt werden ► selbständig	► starke Jagdpassion mit Neigung zum Wildern und Streunen, wenn sie nicht beschäftigt werden	► starke Jagdpassion mit Neigung zum Wildern und Streunen, wenn sie nicht beschäftigt werden	► Neigen zum Verteidigen von Gegenständen, große Wasserbegeisterung	► starke Jagdpassion ► sehr selbstständig

Trotz der großen Vielfalt kann man Rassegruppen benennen, in denen dann Hunde mit einer ähnlichen Veranlagung, oft auch einer ähnlichen Zuchtgeschichte oder dem gleichen Zuchtziel zusammengefasst werden.

Bei der Auswahl eines Hundes sollte auf die jeweilige Veranlagung der Rasse besonders geachtet werden, denn diese spielt auch im Bereich der Erziehung und des Zusammenlebens eine wichtige Rolle.

Die Natur hat es so eingerichtet, dass sich hauptsächlich die Tiere fortpflanzen, die sich besonders gut an die sich ständig verändernde Umwelt anpassen können. Hierbei spielen die körperliche Verfassung und besondere Fähigkeiten der Tiere die Hauptrolle. Da aber bei der Hundezucht durch den Menschen heute keine natürliche Selektion mehr stattfindet, erfüllen nicht alle Zuchtrichtungen das Ziel, gesunde, spezialisierte Hunde hervorzubringen. Das ist für den Hund selbst kein Vorteil. Ganz im Gegenteil: In einigen Rassen oder bestimmten Linien einiger Rassen treten bereits genetisch fixierte Krankheiten und Organschäden auf. Jedoch ist letztendlich das Verhalten eines Tieres immer sowohl von seinen genetischen Anlagen als auch (und das zu einem Großteil) von seiner Sozialisation, Habituation und seinen Lernerfahrungen abhängig.

Es ist unmöglich, innerhalb weniger Generationen eine charakterliche Veranlagung und eine bestimmte Spezialisierung zu ändern, für die diese Hunderasse seit vielen hundert Jahren gezüchtet wurde. Bei der Auswahl eines Welpen sollte vor allem auf diese Dinge und weniger auf das Aussehen Wert gelegt werden, damit der Hund auch in optimaler Weise in sein späteres Umfeld passt und keine „vorprogrammierten" Probleme auftreten.

Verhalten, Kommunikation, Aggression, Angst

Das oberste Ziel jedes Lebewesens besteht darin, die eigenen Gene an die nächste Generation weiterzugeben. Es ist Tieren also angeboren, für das eigene Überleben zu sorgen, sich selbst zu verteidigen und zu schützen und möglichst viele Nachkommen hervorzubringen – selbst auf Kosten von Artgenossen. Je mehr eigene Nachkommen ein Tier in der nächsten Generation hat, desto höher ist seine so genannte **individuelle Fitness.**

Um das zu erreichen, braucht ein Tier ausreichend Nahrung, einen funktionierenden, möglichst unversehrten Körper, einen Fortpflanzungspartner und ein Territorium, in dem der Nachwuchs aufgezogen werden kann. Diese lebensnotwendigen Dinge nennt man **Ressourcen**. Die Fähigkeit, solche Ressourcen zu erwerben und gegen Konkurrenten und Feinde zu verteidigen, bezeichnet man als **Ressource Holding Potential (RHP)**.

RHP steht in engem Zusammenhang mit dem Alter sowie dem körperlichen und geistigen Zustand und ändert sich daher laufend.

Rangordnung

Hunde und Wölfe **müssen zwingend** in einer Gemeinschaft leben, sie brauchen eine soziale Gruppe, sie sind **obligat sozial**. Zum Überleben brauchen natürlich alle Mitglieder des Rudels die lebensnotwendigen Ressourcen. So hat jedes Tier ein entsprechendes Interesse daran, Futter und gute Lagerplätze

In vielen einzelnen Interaktionen erhält jeder Hund Informationen über die Stärken und Schwächen des anderen.

in Besitz zu nehmen und zu behalten. Häufige und ernsthafte Auseinandersetzungen um Ressourcen innerhalb der Gruppe sind aber nicht dienlich: Sie können zu Verletzungen Einzelner führen und damit deren Fähigkeiten zur Verteidigung und zur Jagd beeinträchtigen. Das gefährdet das Überleben der gesamten Gruppe.

Der Zugang zu den vorhandenen Gütern wird daher durch die Rangordnung geregelt. Sie verhindert Ernstkämpfe weitgehend, sofern sie intakt ist und funktioniert.

Im Wolfsrudel kommen nur die ranghöchsten Tiere zur Fortpflanzung. Bei Hunden entscheidet meist der Mensch, wer Nachkommen haben darf. Das „wissen" die Hunde aber nicht. Ihnen ist immer noch der Drang angeboren, im Rudel in der Rangordnung aufzusteigen, sie verhalten sich **sozial expansiv**. Ein hoher Rang bietet einfach Vorteile. Der Drang, im Rang aufzusteigen, ist aber nicht bei allen Hunden gleich stark ausgeprägt.

Das Wort **Dominanz** beschreibt nicht das Wesen eines einzelnen Tieres, sondern das Verhältnis zweier Individuen zueinander. Dominanz ist nicht angeboren, sondern wird erworben. Sie ergibt sich aus den einzelnen Ergebnissen einer ganzen Reihe von Interaktionen, in denen jedes der beiden Tiere Informationen über die Stärken und Schwächen des Anderen erhält und sammelt.

Wenn Welpen in einem Rudel zur Welt kommen, werden sie in die Rangordnung hineingeboren und entwickeln sich innerhalb dieser. Sie lernen die erforderlichen Verhaltensweisen von Mutter, Geschwistern und allen anderen Rudelmitgliedern. Sie lernen, deutlich und häufig die Unterordnungsgesten zu zeigen, die für rangniedere (subdominante) Tiere angemessen sind. Ranghohe, also dominante Tiere zeigen relativ selten aggressives Verhalten; sie haben das nicht nötig.

Je höher der Rang, desto unbeschränkter ist der Zugang zu den Ressourcen und desto größer ist die Autorität. Ranghöhe und damit Autorität beruhen nicht zwangsläufig auf körperlicher Überlegenheit, sondern auf Führungsqualitäten. Das gilt für Hunde wie für Menschen.

Eine feste und eindeutige Rangordnung ermöglicht ein geordnetes und entspanntes Zusammenleben im Rudel. Das gilt auch für das Leben eines Hundes in einer menschlichen Familie.

Eine klare Rangordnung gibt dem Hund Sicherheit. Hunde brauchen aus diesem Grund unzweideutige und freundliche Informationen über ihre Position innerhalb der Hierarchie.

Kommunikation

Für das Leben in einer Gemeinschaft ist neben einer klaren Rangordnung auch die erfolgreiche Verständigung aller Gruppenmitglieder untereinander erforderlich.

Hunde kommunizieren mit ihren Sinnesorganen und durch ihre Körpersprache: Durch Hören, Riechen, Schmecken, Berühren und Sehen werden Informationen vom Sender zum Empfänger übermittelt.

Menschen wie Hunden sind die grundlegenden Signale ihrer eigenen Art und das Verständnis für die Bedeutung dieser Signale angeboren. Es erfolgt aber eine Anpassung durch Lernen.

Hunde gebrauchen ihre angeborenen Signale nicht nur gegenüber anderen Hunden, sondern auch gegenüber Menschen. Das beweist aber nicht, dass Hunde uns Menschen als Hunde sehen. Hunde können sich nun einmal auch gegenüber Menschen nur wie Hunde verhalten.

Die Bedeutung, die angeborene Signale in den Bereichen Geruch oder Gehör für Hunde haben, ist für Menschen häufig schwer zugänglich. Aber über Gesichtsausdruck (Mimik), Körperhaltung und Bewegungen von Hunden machen wir Menschen uns immer wieder Gedanken. Allerdings ist unsere gefühlsmäßige Auslegung in vielen Fällen fehlerhaft oder trifft überhaupt nicht zu. Dies liegt daran, dass dabei den Hunden menschliche Motive und Gefühle untergeschoben werden.

Die Übertragung von menschlichen Motiven auf Hunde birgt für Hunde viele Nachteile, weil mit dieser Vermenschlichung automatisch eine Wertung des Verhaltens verbunden ist. Ein Beispiel ist der „schuldbewusste" Hund.

Die Körperhaltung des „schuldbewussten" Hundes – geduckt, eingezogener Schwanz, schräg gelegter Kopf mit angelegten Ohren, abgewandter Blick – bedeutet gegenüber anderen Hunden oder im Wolfsrudel: „Bitte tu mir nichts!" und beschwichtigt aggressives Verhalten. Beim Menschen bewirkt diese Körperhaltung das Gegenteil: Sie wird als Schuldbewusstsein interpretiert – der Hund „weiß", dass er Unrecht getan hat und verdient deshalb eine Strafe. Der Mensch habe daher nicht nur das Recht, nein, sogar die Pflicht, diesen Hund zu bestrafen. Also wird der Hund bestraft – häufig wird ihm etwas körperlich Unangenehmes zugefügt.

Ein trauriges Missverständnis. Die angeborene Körperhaltung, die sagen soll: „bitte tu mir nichts, ich habe Angst", wird von Menschen oft nicht verstanden und fehlinterpretiert.

Körpersprache

Das Gehirn des Hundes ist im Aufbau dem des Menschen sehr ähnlich. Das betrifft auch die Bereiche, von denen wir wissen, dass sie bei uns für die Gefühle verantwortlich sind. Daher geht man heute davon aus, dass Hunde genauso wie wir die Gefühle Angst, Freude, Wut und Trauer kennen. Wie bei uns ist bei Hunden ein Zusammenhang zwischen Gefühlszustand, Körperhaltung und Bewegungsabläufen angeboren. Gesichtsausdruck (Mimik), die Körperhaltung und die Bewegungsabläufe erlauben also Rückschlüsse darauf, wie ein Hund sich fühlt. Ein Hund, der sich **unsicher** fühlt, der Angst hat, macht sich klein. Der Körper ist zusammengezogen, die Beine eingeknickt, der Schwanz eingezogen und manchmal bis unter den Bauch geklemmt. Die Pupillen sind weit, das Weiße im Auge kann sichtbar sein, der Blick ist abgewendet. Die Ohren sind eng nach hinten an den Kopf gelegt, die Maulwinkel spitz nach hinten gezogen. Das soll zunächst aggressives Verhalten beim Gegenüber beschwichtigen. Wenn das nicht gelingt, kann **Drohverhalten** gezeigt werden. Dabei wird der Nasenrücken gerunzelt und/oder die Zähne gezeigt, im Nackenbereich und/oder auf der Kruppe sträuben sich die Haare. Lautäußerungen wie Knurren, Bellen und Knurrbellen treten auf. Zusätzlich soll Schnappen, allerdings ohne Vorwärtsbewegung, das Gegenüber auf Abstand halten. Unsicherheit und Angst führen zur Verteidigungsbereitschaft (defensives Verhalten). Das alles zeigt sich deutlich in der gesamten Körpersprache. Ein solcher Hund ist durchaus bereit, sich trotz seiner Angst und Unterlegenheit im Notfall zu verteidigen.

Ein **selbstbewusster Hund** zeichnet sich zunächst durch Neutralität aus. Seine Körperhaltung drückt weder Unsicherheit aus noch sendet er Signale, die von vornherein Selbstsicherheit signalisieren sollen. Das hat er gar nicht nötig. Erst wenn es die Situation erfordert, zeigt er durch hohe Körperhaltung, gerade, aufgerichtete Beine und einen aufgerichteten Schwanz, wie stark er sich fühlt. Die Ohren sind dabei hoch aufgerichtet und nach vorn gestellt. Wenn ein selbstsicherer Hund **droht,** schaut er dabei sein Gegenüber direkt an, fixiert es. Auch hier wird der Nasenrücken gerunzelt und/oder die Zähne gezeigt, die Maulwinkel sind kurz und rund. Die Haare im Nackenbereich sträuben sich und Knurren, Bellen und Knurrbellen treten auf. Die gesamte Einheit von körpersprachlichen Signalen beim Drohen bezeichnet man als **aggressives Display**.

Bei einem selbstsicheren Tier, das angreift, erfolgt Schnappen und schließlich Beißen aus der Vorwärtsbewegung, das zugrunde liegende Gefühl ist Wut (offensive Aggression).

Generell entspricht der Ausprägungsgrad der körperlichen Signale der Stärke der Gefühle. Schnelle Änderungen, Umschwünge und auch Überlappungen, also zwiespältige Gefühle, sind möglich. Sie zeigen sich in der Körpersprache, allerdings manchmal nur für Bruchteile von Sekunden.

Ein unsicherer und ängstlicher Hund, der die Erfahrung macht, dass aggressives Verhalten ihm nützt, lernt Mimik und Körperhaltung eines selbstsicheren Hundes zu zeigen. Er zeigt also ein offensives Display, obwohl seinem Verhalten immer noch Angst zugrunde liegt. Die unsichere Grundhaltung kann dabei – manchmal nur für kurze Augenblicke – sichtbar werden.

Die geschilderten offensiven und defensiven körpersprachlichen Signale sind auffällig und haben daher bisher viel Interesse auf sich gezogen. In den letzten Jahren hat sich aber das Augenmerk auch in der Wissenschaft immer mehr auf Signale gerichtet, die angespannte Situationen entschärfen sollen. Zu diesen **Beschwichtigungsgesten**, den so genannten **Calming-Signals**, gehören Gähnen, Wegschauen, den Kopf leicht abwenden, das Einnehmen einer etwas seitlich abgewendeten Körperhaltung, am Boden schnüffeln und viele andere.

Die Unterschiede im Aussehen der Hunde, die durch die Zucht der verschiedensten Rassen entstanden sind, beeinflussen natürlich ihre Verständigungsmöglichkeiten untereinander. Bei manchen Rassen können Signale nur noch undeutlich gezeigt werden oder sind überhaupt nicht mehr möglich. Es ist nicht leicht zu erkennen, ob Hängeohren ängstlich angelegt sind oder ob die Nase eines chinesischen Faltenhundes gerunzelt ist. Zeigt eine Bordeauxdogge die Zähne oder zieht sie die Maulwinkel lang nach hinten? Geht ein Chow-Chow steif und mit aufgerichtetem Schwanz, weil er selbstsicher imponieren will oder weil ihm dieses Aussehen angezüchtet ist? Wie soll ein Yorkshire Terrier ohne Schleife genug von Körperhaltung und Mimik eines anderen Hundes sehen, um sich selbst angemessen zu verhalten?

Hunde müssen Erfahrungen mit anderen Hunden sammeln, damit sie sich angemessen miteinander verständigen

Körpersprache des Hundes

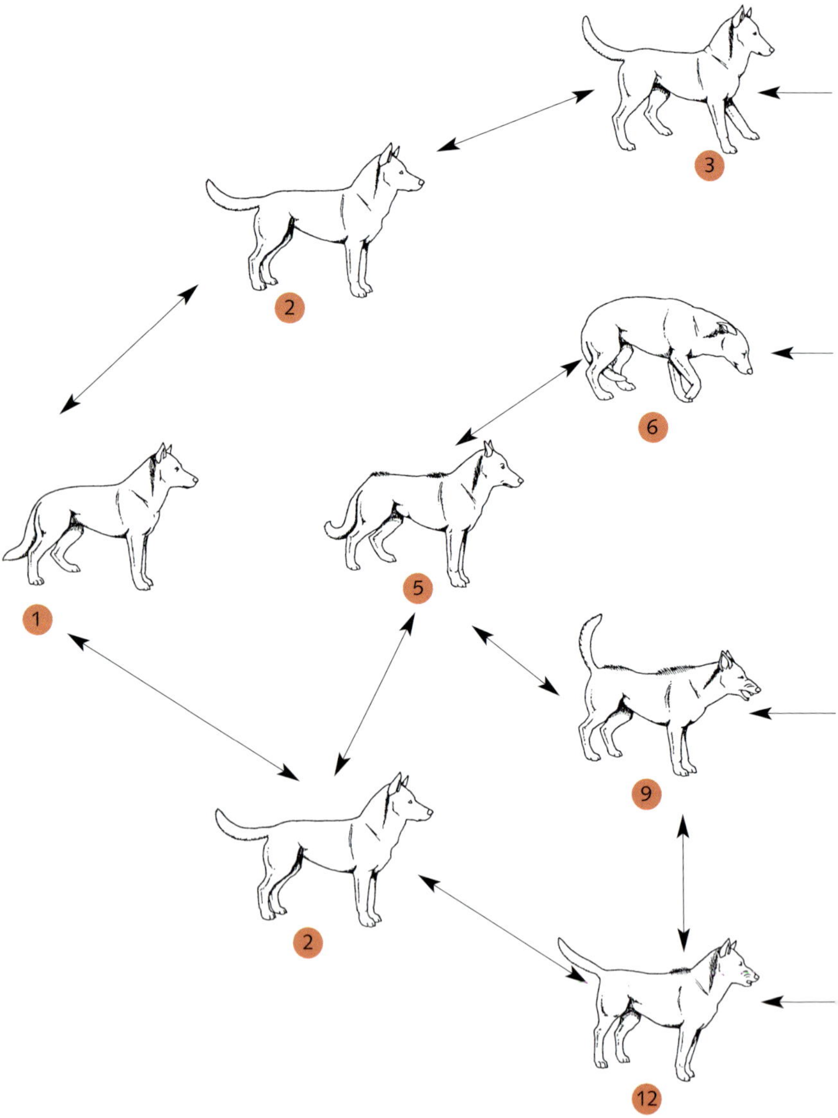

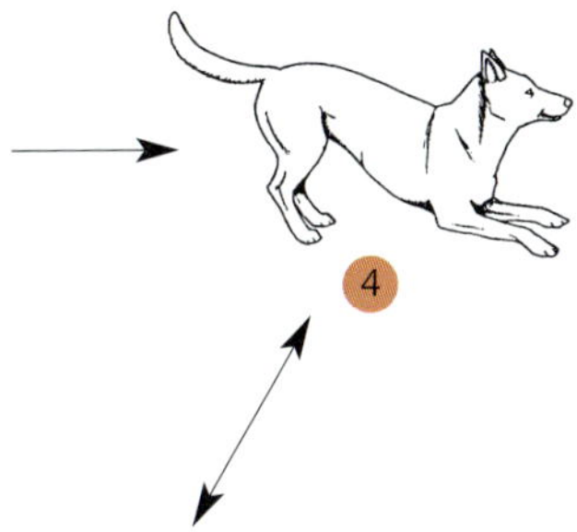

Die Körpersprache des Hundes ist situationsgebunden. Die Übergänge sind fließend. Hund 1: neutrale Körperhaltung · Hund 2: aufmerksam · Hund 3 und 4: Spielpositionen · Hund 5: unsicher · Hund 6: Beschwichtigungsgesten · Hund 7: aktive Unterwerfung · Hund 8: passive Unterwerfung · Hund 9: unsicheres Drohen · Hund 10: unsicheres Drohen, bereit zur Flucht oder zum Angriff · Hund 11: unsicheres Drohen, bereit zur Flucht oder zum Angriff · Hund 12: selbstsicheres Drohen · Hund 13: selbstsicheres Drohen, bereit zum Angriff

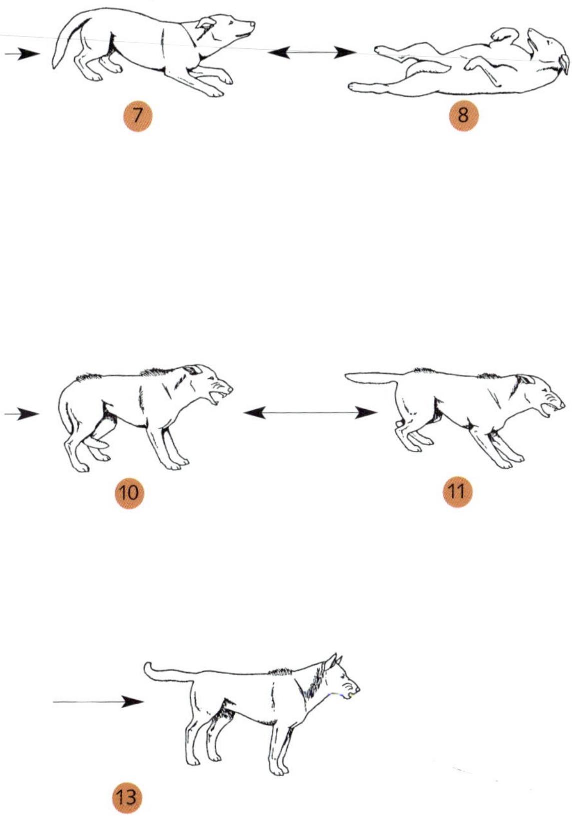

können. Missverständnisse können nur vermieden werden, wenn Hunde auch Mimik und Körpersprache anderer Rassen kennen lernen. Nur so können sie lernen, **sozial kompetent** miteinander umzugehen.

Nicht nur zwischen Hunden, auch zwischen Hunden und Menschen, Angehörigen zweier verschiedener Arten, gibt es viel Raum für Missverständnisse. Diese können am besten vermieden werden, wenn Hunden keine menschlichen Motive unterstellt und sie nicht vermenschlicht werden.

Die angelegten Ohren, der abgewendete Blick und das kurze Lecken der Oberlippe signalisieren Unsicherheit (Beschwichtigungsgeste).

Der Weg zur Verständigung mit Hunden ist die Körpersprache. Sie ist Hunden angeboren. Bei der Erziehung bieten daher Körper- und Zeichensprache den leichtesten Zugang. Hunde lernen Worte, wenn man oft und lange genug mit ihnen übt, haben aber für Sprache kein Verständnis. Körpersprache dagegen lesen sie perfekt, ihr Mensch ist für sie wie ein offenes Buch.

Aggression

Aggressives Verhalten besteht aus Drohverhalten (aggressive Kommunikation) und Angriff. Aggressives Verhalten hat den Zweck, eine Bedrohung, einen Konkurrenten oder einen Feind auf Distanz zu halten oder zum Rückzug zu bewegen. Die für das Leben erforderlichen Ressourcen wie Futter, Territorium, Partner, geeignete Lagerplätze und Vieles mehr müssen auf diese Weise erworben und gegen Konkurrenten und/oder Feinde verteidigt werden. Aggressives Verhalten ist nötig, damit ein Tier überleben kann, es ist angeboren und natürlich. Jeder Hund besitzt die Fähigkeit sich aggressiv zu verhalten – Aggression gehört zum artspezifischen Verhaltensrepertoire des Hundes.

Aggressives Verhalten ist abhängig von:

1. den angeborenen Eigenschaften
2. den Erfahrungen während der ersten Lebenswochen (Sozialisation + Habituation) sowie den täglichen Erfahrungen im späteren Leben (zufällige Erfahrungen + Erziehung)
3. dem körperlichen Zustand
4. der speziellen Situation, in der es zu aggressivem Verhalten kommt.

Angeborene Eigenschaften

Die Reizschwelle für Angst kann über die Zucht (Selektion) erhöht oder erniedrigt werden. Bei einer **erniedrigten Reizschwelle** wird Angst und damit aggressives Verhalten leichter ausgelöst. In jeder Rasse existieren Familien/Linien mit einer solchen niedrigeren Reizschwelle.

Erfahrungen

Durch **Lernen** wird das Verhalten beeinflusst. Die Grundlagen werden während der wichtigen ersten Lebenswochen gelegt, dann formen die täglichen Erfahrungen das Verhalten weiter. Natürlich gilt das auch für die Entwicklung von aggressivem Verhalten.

Grundsätzlich entwickelt sich Verhalten anhand seiner Folgen. Sind diese positiv, wird ein Verhalten stärker und es tritt öfter auf.

Ein Hund, der mit aggressivem Verhalten das erreicht, was er möchte, wird dieses Verhalten wieder einsetzen. Aggressives Verhalten soll die Entfernung zu einem Gegner oder einer Bedrohung aufrechterhalten oder vergrößern oder den Gegner/Konkurrenten oder die Bedrohung ausschalten.

Ganz allgemein wirkt Aggression also als Erfolg für den drohenden Hund,
- wenn der andere Hund/Mensch zurückweicht;
- wenn er behalten darf, was immer ihm in diesem Moment wichtig ist;
- wenn der Besitzer versucht, ihn zu beruhigen, denn dies wird vom Hund als angenehm empfunden.

Negative Folgen vermindern Häufigkeit und Stärke eines Verhaltens. Negative Folgen sind Strafen oder kein Erfolg, das heißt, das Verhalten hat sich nicht gelohnt.

Beide Hunde sind sich in dieser Situation nicht sicher. Menschliches Eingreifen in dieser Situation könnte die Sache verschlimmern.

Wenn die Regeln, die für das Lernen erforderlich sind, nicht eingehalten werden, dann ist für den Hund nicht eindeutig klar, welches Verhalten genau die Strafe nach sich gezogen hat. So sind nicht beabsichtigte, unerwünschte Verknüpfungen (Assoziationen) jederzeit möglich. Die unklare Kommunikation zwischen Mensch und Hund belastet das Vertrauensverhältnis. Strafen steigern zudem zugrunde liegende Angst und damit die Reaktionsbereitschaft.

Strafen vermindern aggressives Verhalten meist leider nicht, sondern verstärken zugrunde liegende Angst und Unsicherheit eher und damit die Tendenz zu aggressivem Verhalten.

Häufig gelingt es dem Hundehalter, durch Strafen zu erreichen, dass sein Hund Drohsignale wie Knurren unterlässt. Das erscheint zunächst als Erfolg, aber dieser Hund zeigt nicht mehr vorher an, wie er sich fühlt. Das Warnsignal dafür, dass ein solcher Hund bereit ist sich zu verteidigen, fehlt. Ein Angriff kann dann ohne Vorankündigung stattfinden – für den Menschen völlig überraschend.

Körperlicher Zustand

Aggressives Verhalten wird nicht nur durch „normale" körperliche Gegebenheiten wie den hormonellen Zustand oder das Alter beeinflusst, sondern auch durch Erkrankungen. So können Schmerzen jeder Art ebenso wie Erkrankungen des Gehirns (Tollwut u.a.), hormonelle Störungen (Schilddrüse) oder andere Organerkrankungen mitverantwortlich für aggressives Verhalten sein.

Spezielle Situation

Letztendlich gibt die individuelle Situation den Ausschlag, ob sich der Hund agressiv verhält.

In vielen Fällen führt das zufällige Zusammentreffen ungünstiger Voraussetzungen, eine Häufung einzelner Faktoren, zu einer Steigerung von Stress und damit zur Auslösung von aggressivem Verhalten.

Angst

Die Fähigkeit, Angst zu haben, ist keine erlernte Erwartung von etwas Schädlichem. Angst zu haben ist angeboren, wie zum Beispiel die Fähigkeit zu Gehen oder zu Hören, und dient dem Überleben. Wer keine Angst hat, überlebt nicht lange. Ein angeborenes Übermaß dieses „Angstsystems" führt zu allgemeiner Ängstlichkeit und Unsicherheit. Feinde, Schmerz, Geräusche oder Gebiet ohne Deckungsmöglichkeit sind angeborene Angstauslöser.

Zusätzlich können alle über die Sinne erfassbaren Reize bei entsprechenden Erfahrungen zu erlernten Angstauslösern werden. Sogar eine einmalige besonders starke, angsterregende Erfahrung kann zum Angstauslöser werden oder gar verallgemeinert werden. Allerdings hängt wiederum vom Einzeltier selbst ab, was es als stark angsterregend empfindet.

Die angemessene Benutzung des Angstsystems hängt folglich stark von Lernen und Erfahrungen ab. Hauptursache für Unsicherheit und Ängstlichkeit bei Hunden ist zu wenig Erfahrung während der ersten Lebenswochen.

In einer angsterregenden Situation könnte es unter Umständen tödlich sein, lange über mögliche Reaktionen nachzudenken. Daher sind die entsprechenden Verhaltensmuster angeboren und werden schnell und ohne Überlegung ausgeführt.

Bei Angst kann man
- **erstarren** (die Bedrohung ist weit weg oder unausweichlich) und hoffen, dass die Gefahr vorübergeht;

Aufmerksames Warten auf weitere Aktivitäten.

- **Beschwichtigungsgesten zeigen**, um den „Gegner" zu besänftigen;
- **flüchten** (die Bedrohung ist nahe, kann aber vermieden werden);
- **drohen**, um den Gegner einzuschüchtern;
- **angreifen**, um so die Bedrohung zu vertreiben oder zu beseitigen.

In Angstsituationen bereitet der Körper sich blitzschnell vor. Wenn nötig, wird Ballast abgeworfen („es geht in die Hose"). Für die möglicherweise erforderliche Leistung wie Flucht oder Kampfverhalten wird leicht verfügbare Energie bereitgestellt. Dazu setzt die Nebenniere Stoffe frei, die Atem- und Pulsfrequenz sowie Blutdruck, Blutzuckerspiegel und Schweißsekretion steigern (Adrenalin und Noradrenalin). Die Pupillen erweitern sich, Muskelspannung und Aufmerksamkeit sind erhöht. Die Funktion der Keimdrüsen und die Schmerzempfindung werden vermindert. Diese Reaktionen sind kurzfristig sinnvoll, schaden aber, falls sie länger anhalten.

Angst und die dadurch hervorgerufenen Reaktionen dienen dem Schutz des Lebens – sie sind biologisch sinnvoll. Ein Hund, der Angst hat, kann weglaufen. Wenn das nicht geht, kann er sich aggressiv gebärden (aggressives Display), das heißt, er kann eine drohende Körperhaltung einnehmen, bellen, knurren und drohschnappen. Vielleicht geht dann das, was ihm Angst macht, weg. Ausgeführt wird diejenige Verhaltensweise, die den meisten Erfolg verspricht. Das

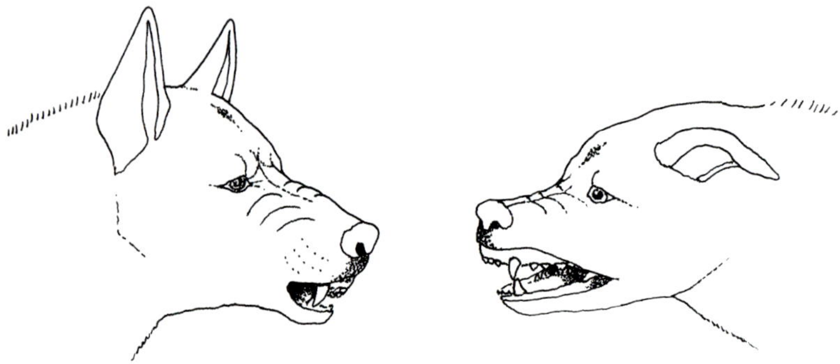

Links: ein sicheres Drohen; rechts: ein unsicheres Drohen.

wiederum richtet sich nach den angeborenen Eigenschaften und den bisherigen Erfahrungen des einzelnen Hundes sowie der speziellen Situation. Diese Verhaltensweisen, also Flucht und Angriff, bezeichnet man als agonistisches Verhalten. Das aggressive Display wird meist erst eingesetzt, wenn Verhaltensweisen wie Demut oder Flucht nicht ausreichen oder nicht möglich sind.

Der bei weitem überwiegende Teil aller aggressiven Reaktionen bei Hunden geschieht aus Angst vor dem Verlust lebenswichtiger Dinge wie Futter, Territorium (Wachhund!), Angst vor Schmerz oder körperlichem Schaden, Angst vor Verlust einer hohen Rangposition und den damit verbundenen Annehmlichkeiten (Futter, Fortpflanzungsmöglichkeit). Je ängstlicher und unsicherer ein Hund ist, desto schneller fühlt er sich bedroht, desto schneller befürchtet er den Verlust für ihn wichtiger Dinge und desto schneller wird er aggressiv reagieren.

Da Angst stark von Lernen abhängig ist, führt leider ganz normales menschliches Verhalten dazu, Angst zu verstärken: Trösten oder Beruhigen eines ängstlichen Tieres verstärkt die Angstempfindung.

Ein Tier, dem man ansieht, dass es Angst hat – es zittert, versucht, sich zurückzuziehen oder zeigt Verteidigungsbereitschaft – sollte daher in keinem Fall getröstet oder beruhigt werden.

Allerdings führt bei Verteidigungsbereitschaft – das heißt der Hund knurrt oder zeigt sogar die Zähne – Tadeln oder Bestrafen ebenfalls zu einer Verstärkung der Angst und bessert daher auch nichts. Jegliche Aufmerksamkeit, sei es Trösten, Tadeln oder Strafen, wirkt letztendlich verstärkend, weil es Formen der Zuwendung sind und diese generell verstärkend wirkt.

Welpenkauf und Aufzucht

Ein Hund kann jede Menge Spaß und neue Bekanntschaften bringen. Wenn er erst einmal da ist, möchte er auch für die nächsten zehn bis fünfzehn Jahre (manchmal sogar länger) bleiben. Aber – ein Hund bringt außer viel Freude auch Schmutz, Hundehaare und seinen Geruch mit ins neue Heim. Weiterhin sind vielerlei **Geldausgaben** einzuplanen. Den Kaufpreis kann man als einmalige Ausgabe sehr gut abschätzen. Die laufenden Kosten für Hundefutter, Haftpflichtversicherung, Steuer, Impfungen, Welpenspielgruppe, Erziehungskurse und je nach Fell der Besuch beim Hundefrisör gehören zum Leben mit einem Hund dazu. Gesundheitliche Probleme erfordern zudem kostenträchtige Besuche beim Tierarzt.

Der wichtigste Punkt für ein glückliches Zusammenleben aus der Sicht des Hundes ist die **Zeit**, die Sie für ihn aufwenden. Ein Hund möchte sich draußen austoben, Kontakte mit Artgenossen, seine Streicheleinheiten und – häufig unterschätzt – eine **Beschäftigung** haben. Das muss kein ursprünglicher Gebrauch wie zum Beispiel das Hüten einer Schafherde sein, aber es muss etwas sein, wobei er sein Gehirn anstrengen muss. Ob man dem Hund immer wieder neue Kunststücke beibringt, Agility oder sonst irgend etwas mit ihm macht, ist gleichgültig. Hauptsache, es macht Spaß und entspricht beiden, Hund und Mensch.

Was Hunde als Rudeltiere nicht sehr schätzen, ist das Alleinbleiben. Wenn Sie ganztägig berufstätig und Hundeliebhaber sind, verzichten Sie dem Hund zuliebe lieber auf einen eigenen. Nehmen Sie in Ihrem Urlaub einen Hund in Pflege oder suchen Sie sich einen Gassi-Geh-Hund aus der Nachbarschaft oder aus dem Tierheim. Dadurch kommen Sie selbst zu einem Hundekumpel und bieten ihm gleichzeitig zusätzlichen Spaß oder schöne Ferien.

Die „Kinderzeit" des Welpen

Die Entscheidung ist nach reiflicher Überlegung gefallen – Sie möchten einen Welpen erwerben. Dabei sollten Sie vor allem auf eine gute Kinderstube achten. Zur Welpenaufzucht gehört viel Aufwand, wenn man sie verantwortungsbewusst betreibt. Welpen, die bei profitorientierten Hundeherstellern aufgewachsen sind, haben meistens viel zu wenig oder gar schlechte Erfahrungen gemacht. Mit diesen Versäumnissen und Schäden entlassen diese Hundezüchter die Tiere in die Obhut ihrer neuen Besitzer. Sie spekulieren auf die magische Anziehungskraft eines Welpen und auf das Mitleid mit dem jungen Tier. Sind genügend Käufer gefunden, wird gleich die nächste Runde Welpen produziert. Wenn Sie einen solchen Hund kaufen, verursachen oder unterstützen Sie indirekt die schlechten **Aufzuchtbedingungen** für weitere Welpen!

Aber auch bemühte Züchter können unwissentlich schlecht sozialisierte Welpen abgeben und zwar, wenn sie die Welpen sehr ruhig und abgeschirmt aufwachsen lassen. Ein Großteil der **Sozialisationsphase**, auf deren Bedeutung später eingegangen wird, wird dann kaum genutzt und ist verstrichen, wenn der Welpe zum neuen Besitzer geht.

Liebevoll aufgezogene Welpen sind gut gepflegt, Besuchern gegenüber neugierig und aufgeschlossen und lassen sich problemlos anfassen. Ein Anschluss an die Züchterfamilie, die hoffentlich viel Besuch empfängt, sollte selbstverständlich sein. Sie sollten sich immer die **Mutterhündin** ansehen und in diesem Punkt keine Ausreden gelten lassen. Wenn man die Hündin nicht kennen lernen kann, stimmt irgend etwas nicht. Die Mutterhündin selbst sollte auf Menschen freundlich zugehen. Das ist wichtig, denn die Welpen können von ihr eine Tendenz zur Ängstlichkeit übernehmen oder schon früh problematisches Verhalten lernen. Die **Trennung** von seiner Familie ist für jeden Welpen ein großer Schock. Bleiben schon erwachsene Hunde naturgemäß nicht gerne allein, sollte ein Welpe im neuen Heim besonders sorgfältig und langsam an das Alleinebleiben gewöhnt werden. Ein Welpe wäre einzeln nicht überlebensfähig, so dass er Todesängste ausstehen kann, wenn er alleine gelassen wird. Gerade in der ersten Zeit muss sichergestellt sein, dass immer jemand da ist oder dass man ihn mitnehmen kann. Sie sollten ihn nur zur Übung minutenweise allein lassen. Am besten dann, wenn ihm sowieso gerade nach einem Schläfchen zumute ist oder er sich mit einem Kauspielzeug beschäftigt. Wenn Sie dann auch wieder da sind, bevor der Welpe Sie vermisst, ist Ihnen eine perfekte Übung für das Alleinlassen gelungen! Im weiteren Verlauf dehnt man die Zeitspanne des Alleinseins immer weiter aus.

Achten Sie darauf, dass Ihr junger Hund so untergebracht ist, dass er nur für ihn bestimmtes Hundespielzeug und Kauknochen erreichen kann. Wenn er erst auf die Idee gekommen ist, dass sich Teppichfransen prima zum Zerrupfen eignen, ist es viel schwieriger, ihm dieses Hobby wieder abzugewöhnen.

Im neuen Heim

Ab der ersten Minute im neuen Heim sollte sich der frisch gebackene Hundebesitzer in einen hartnäckigen Spion verwandeln. Jegliches Missgeschick in Form einer Pfütze oder eines Häufchens muss vermieden werden. Sobald sich der Welpe anschickt, ein geeignetes Plätzchen für sein Geschäft zu suchen, nimmt man den kleinen Hund ruhig und souverän hoch und bringt ihn so schnell wie möglich nach draußen. Wenn er sein Geschäft am rechten Fleck erledigt hat – für ihn schon ein Meisterwerk –, verdient er dann ein besonderes Lob oder Leckerchen! Genießen Sie selbst dabei für Ihre perfekte Erziehungleistung in solchen Momenten ein paar Minuten in der Sonne.

Welpensozialisation und Impfschutz

	Geburt bis 3. Woche	3 Wochen	ab 8 Wochen
Sozialisation und Habituation	Die Welpen sind bei der Mutter und den Geschwistern, sollten aber schon ganz früh menschliche Gerüche (sowohl männliche als auch weibliche) kennen lernen. Der Züchter sollte Handling-Übungen mit den Welpen machen: sie häufig sanft anfassen, für einen Moment hochheben und streicheln.	Die Welpen sollten jetzt eine Fülle von interessanten, aber nicht bedrohlichen Umweltreizen kennen lernen. Der Züchter sollte die Welpen schon Haushaltsgeräuschen wie Waschmaschine, Staubsauger, Fernsehen usw. aussetzen. Außerdem sollten sie nun in das normale häusliche Umfeld eingeführt werden. Viele Übungen mit Körperkontakt sind wichtig. Es ist die richtige Zeit, mit angenehmen Körperpflegemaßnahmen zu beginnen und zum Beispiel auch tierärztliche Untersuchungen durchzuspielen.	Normalerweise wechselt der Welpe nun zu seinem neuen Besitzer. Er sollte im neuen Zuhause alle Familienmitglieder kennenlernen (Männer, Frauen, Kinder, Babys, andere Heimtiere). Gewöhnen Sie ihn an Autofahrten. Bieten Sie Kontakte zu Briefträgern, Müllmännern und zu möglichst unterschiedlichen Besuchern. Beginnen Sie, den Welpen ans Alleinsein zu gewöhnen (siehe S. 24). Machen Sie häufig folgende Übungen: Geben Sie, während der Welpe frisst, eine kleine Menge besonders schmackhaftes Futter zusätzlich in seinen Napf. Der Welpe sollte nun vielen neuen Sitiationen ausgesetzt werden, die aber mit wenig gesundheitlichen Risiken verbunden sein sollten.
			Empfindlich
Immunstatus	**Mütterliche Antikörper**	**6 Wochen** mögliche Erstimpfung gegen Staupe, Hepatitis canis, Parvovirose	**8 Wochen** Impfung gegen Staup Hepatitis ca Parvovirose, Leptospirose

9 Wochen	12 Wochen	15 Wochen
Beginnen Sie, den Welpen mit stärkeren Reizen (Straßenlärm, Menschenansammlungen, Kinderspielplätze) vertraut zu machen. Fangen Sie mit dem Training zur Leinenführigkeit an. Es ist die beste Zeit für die Teilnahme an einer Welpenspielgruppe. Sorgen Sie für viele Kontakte mit freundlichen und erzogenen Hunden. Andere könnten dem Welpen Angst einflößen oder ihm schlechte Angewohnheiten beibringen.	Stellen Sie sicher, dass der Welpe immer mehr Erfahrungen (mit anderen Hunden, anderen Menschen, fremden Tierarten, verschiedenen unbelebten Umweltreizen) sammeln kann	Was der Welpe gelernt hat, wird er wieder vergessen, wenn Sie nicht weiterhin mit ihm üben. Üben Sie deshalb kontinuierlich bis zum Erreichen der sozialen Reife. Diese setzt mit großen Rasseunterschieden wesentlich später als die Geschlechtsreife ein.
hase	**Weitere Entwicklung**	
	12 Wochen Impfung gegen Leptospirose, Staupe, Hepatitis canis Parvovirose, Tollwut	**16 Wochen** Impfung gegen (Leptospirose), Tollwut
	Aktive Immunität	

Als Grundregel gilt: Nach dem Fressen, nach dem Schlafen, nach dem Spielen und etwa alle zwei bis drei Stunden sollte man mit einem Welpen nach draußen gehen, damit er dort die Möglichkeit bekommt, sein Geschäft zu erledigen.

Dieser ganze Aufwand lohnt sich, weil Ihr Welpe so am zuverlässigsten und schnellsten stubenrein wird. Nichts ist ärgerlicher, als ein Hund, der nicht verlässlich stubenrein ist, weil er sich als Welpe zu oft in der Wohnung entleeren konnte. Bestrafen eines Missgeschicks kann einerseits dazu führen, dass der Welpe versucht sein Geschäft unbeobachtet zu erledigen, was den weiteren Trainingsverlauf erschwert. Er hat nämlich gelernt, dass es unangenehme Folgen hat, wenn er dabei beobachtet wird. Andererseits bringt es nicht den gewünschten Lernerfolg, weil der Welpe die Erleichterung bereits erlebt hat, die er beim Erledigen seines unvermeidlichen Bedürfnisses gespürt hat. Wie soll man dem Welpen dann begreiflich machen, dass der Ort falsch war, an dem er diese Erleichterung erfahren hat?

Sozialisation

Im Leben eines Hundes sind die ersten zwölf bis maximal 16 Wochen am entscheidendsten: Der Welpe wird in dieser so genannten Sozialisationsphase auf das zukünftige Leben in der großen weiten Welt vorbereitet. Alles was er in dieser Zeit positiv kennen lernt oder kennen gelernt hat, kann ihn später nicht so schnell erschüttern. Weil die Anforderungen an das Raubtier Hund besonders im Zusammenleben mit Menschen sehr hoch sind, erfordert seine Vorbereitung darauf auch besondere Sorgfalt.

Ein kleiner Hund sollte alles kennen lernen, was die Welt der Menschen mit sich bringt: Straßen, Autos, Züge, flatternde Planen, laute Geräusche genauso wie andere Hunde und Menschen beiderlei Geschlechts, aller Altersstufen, Hautfarben und körperlicher Eigenheiten oder Behinderungen. Je mehr verschiedene Eindrücke der Hund bekommt, desto besser. Besonderes Augenmerk sollte dabei natürlich auf Kinder gerichtet werden. Für einen Hund ist nicht: Kind von 0 bis 12 Jahren, dann Jugendlicher bis 18 Jahre und dann Erwachsener. Für einen Hund ist ein Krabbelkind etwas völlig anderes als ein Erstklässler. Lassen Sie Ihren Hund möglichst viele angenehme Erfahrungen mit Menschen vom Baby bis zum Teenager machen. Dabei richtet es sich nach Ihrem Welpen, was eine angenehme Erfahrung ist. Es kann Spiel, ein Leckerchen oder eine Streicheleinheit sein. Beobachten Sie Ihren Hund, ob er entspannt und begeistert ist, damit Sie eingreifen können, bevor ihm die Situation unangenehm wird.

Sehr sorgfältig sollten Sie mit Ihrem Hund den Umgang mit menschlicher Haut üben, denn Menschen sind viel empfindlicher als Hunde. Eine funktionierende Beißhemmung ist nicht angeboren, sondern muss erlernt werden. Dies geschieht im gemeinsamen Spiel. Immer wenn Ihr Hund beim Spielen nicht wirklich zartfühlend mit Ihnen umgeht, brechen Sie das Spiel abrupt ab. Erst nach einer "Auszeit"

Dieses Kind weiß, dass es sofort den Kontakt mit den Welpen abbrechen soll, wenn diese ihre Zähne zu unsanft gebrauchen. So lernen die Welpen eine gute Beißhemmung im Umgang mit den Menschen.

geht es weiter. So kann Ihr Hund lernen, auch bei großer Aufregung vorsichtig zu sein. Darüber hinaus muss Ihr Welpe auch im Umgang mit anderen Hunden die Beißhemmung und den restlichen guten Hundebenimm erlernen. Und das wiederum kann er nur, wenn er viel Kontakt mit Artgenossen hat.

So lernt ein Welpe die **Beißhemmung**: *Beißt ein Welpe seinen Spielkumpel zu fest, beißt dieser zurück und beendet das Spiel. „Du bist doof, du hast mir weh getan, mit dir spiele ich nicht mehr." Das nächste Mal wird der Welpe mit Sicherheit vorsichtiger sein.*

Der richtige Einsatz aggressiver Verhaltensweisen muss so vom Welpen gelernt werden und dient zur Vermeidung ernsthafter Verletzungen bei Meinungsverschiedenheiten mit anderen Hunden. Man sollte die Welpen also unbedingt ungestört ihre Streitigkeiten untereinander austragen lassen.

Im Umgang mit erwachsenen Hunden lernt der Welpe besondere Rücksichtnahme auf die Wünsche seiner Artgenossen. Es gibt Hunde, die zeitweise nicht von einem spielwütigen Welpen belästigt werden oder überhaupt nichts mit Welpen zu tun haben möchten. Falls der Welpe auf Vorwarnungen, die man als Mensch häufig nicht wahrnimmt, nicht dem guten Hundebenimm entsprechend reagiert, kann er durchaus grob von dem Althund zurechtgewiesen werden. Das ist ein völlig normales Verhalten.

Den so genannten Welpenschutz als Bescheinigung für Narrenfreiheit gibt es nicht. Welpen werden von erwachsenen Hunden ihrem Sozialverhalten entsprechend behandelt. Ein Welpe kann erwachsene Hunde durch sein unterwürfiges Verhalten, gegebenenfalls mit gebührendem Abstandhalten, milde stimmen.

Kommt es zu einer körperlichen Maßregelung des Welpen, muss der Welpe lernen, dass nur ruhiges unterwürfiges Verhalten seinerseits die Situation beendet. Falls der Welpe schreiend wegrennt, dürfen Sie ihn keinesfalls trösten. Der Welpe würde nur lernen, dass sein Besitzer ihn für sein unangemessenes Verhalten belohnt. Allerdings muss sichergestellt sein, dass ein Welpe hochgradig unangenehmen Einwirkungen durch andere Hunde nicht ausgesetzt wird. Dazu sollte vorzugsweise der „Grobian" entfernt werden, damit das „Opfer" nicht unbeabsichtigt für ängstliches Verhalten belohnt wird.

Geben Sie Ihrem Hund die Möglichkeit, die Feinheiten im Umgang mit anderen Hunden zu erlernen, auch wenn es einmal sehr heftig wird. Die Voraussetzung ist natürlich, dass der andere Hund ausreichend gutes Sozialverhalten und eine funktionierende Beißhemmung besitzt.

Lässt man seinen jungen Hund aus Vorsicht nur an sehr gutmütige erwachsene Hunde heran, die alles mit sich machen lassen, lernt der Welpe, dass andere Hunde nur zu seinem eigenen Vergnügen da sind. Nicht selten entstehen aus solchen Welpen schlimme Raufer. Der Großteil der Hundekontakte sollte allerdings positiv von ihrem Hund erlebt werden, damit er genügend Sicherheit bei Sozialkontakten gewinnen kann. Letztendlich führt ein gut erlerntes Sozialverhalten zu angenehmen Spaziergängen und bewahrt einen vor täglichen Spießrutenläufen um andere Hunde herum.

Optimale Unterstützung in der Aufzucht Ihres Welpen finden Sie in einer gut geführten **Welpenspielgruppe**. Die Teilnahme bringt nicht nur allen zwei- und vierbeinigen Teilnehmern Spaß, sondern ist eine wichtige Grundlage dafür, dass der Hund gesund aufwächst. In einer gut geführten Welpenspielgruppe sollte ein Trainer für ca. fünf bis sechs Welpen zur Verfügung stehen. Auseinandersetzungen untereinander sollten die Welpen ungestört austragen können und sie sollten an verschiedene Umweltreize herangeführt werden. Kontakte mit Menschen sollten aktiv durch angenehme Erfahrungen gefördert werden und die Welpen sollten lernen, Körperpflegemaßnahmen zu akzeptieren. Nebenbei sollte eine Einweisung in die Erziehung Ihres Welpen über positive Bestärkung erfolgen. Früh gelernt ist halb gewonnen. Dies bedeutet aber nicht, dass in der Gruppe ein Gehorsamsdrill für das Welpenformat durchgeführt werden sollte.

Was hat aber nun die Welpenspielgruppe mit der Gesundheit Ihres Hundes zu tun?

Durch die vielen Eindrücke kann sich das Gehirn des jungen Hundes besonders gut entwickeln. Je mehr

Reize der Welpe kennen lernt, desto mehr Verknüpfungen der Nervenbahnen werden in seinem Gehirn angelegt. Bekommt ein Welpe zu wenig Reize geboten, führt dies zu Entwicklungsschäden. Solche Hunde haben ihr ganzes Leben lang größere Schwierigkeiten, mit ihrer Umwelt zurechtzukommen. Dadurch stehen sie sehr schnell unter Stress, was wiederum auf Dauer zu gesundheitlichen Problemen führt. Mangelhaft sozialisierte Welpen entwickeln ein schlechteres Immunsystem als gut sozialisierte. Dadurch sind die betroffenen Hunde ihr Leben lang anfälliger für Erkrankungen. Natürlich können in einer Welpengruppe auch Krankheiten übertragen werden. Aber während eine Infektionskrankheit nur eine Möglichkeit ist, sind Verhaltensprobleme mit Sicherheit programmiert, wenn die Sozialisation nicht ausreichend ist.

Lassen Sie bei Ihrem Welpen die Sozialisationsphase nicht ungenutzt verstreichen, indem Sie ihn von anderen Hunden oder einer Welpenspielgruppe fernhalten, auch wenn er vom Alter her noch nicht einen voll wirksamen Impfschutz gegen die wichtigsten Infektionskrankheiten besitzt!

Die Anzahl von Hunden, die wegen Verhaltensproblemen eingeschläfert werden, übersteigt weit die Zahl derer, die in jugendlichem Alter an Infektionskrankheiten sterben. Ein mangelhaft sozialisierter Hund erschwert sich und seinem Menschen das Leben. Fast alle gefährlichen Hunde haben eine ungenügend genutzte Sozialisationsphase als Vorgeschichte.

Umgang miteinander muss erlernt werden. Viele Kontakte mit gut sozialisierten Hunden sind hierfür wichtig.

Wenn das Ende der Sozialisationsphase in Sicht ist und Sie alle Punkte beachtet haben, können Sie sich dann entspannt zurücklehnen? Leider nicht – alles Erreichte muss weiterhin geübt werden, um nicht wieder in Vergessenheit zu geraten. Trotzdem können Sie jetzt wirklich stolz darauf sein, Ihrem Hund die besten Voraussetzungen für ein hunde- und menschengerechtes Leben gegeben zu haben!

Lernverhalten beim Hund

Der biologische Erfolg, zu überleben und sich fortzupflanzen, hängt davon ab, was ein Lebewesen in einer bestimmten Situation unternimmt. Manche Verhaltensweisen sind angeboren und damit vorgegeben, es besteht hier keine Wahlmöglichkeit. Die Anpassungsfähigkeit des einzelnen Tieres an die unterschiedlichsten Gegebenheiten ist jedoch umso größer, je weniger feste Verhaltensmuster angeboren sind. Durch Lernen kann ein Lebewesen seine Verhaltensweisen an die verschiedensten Situationen anpassen. Wer anpassungsfähig ist, ist im Leben bzw. im Überleben erfolgreicher.

Wie lernen Hunde?

Hunde, ebenso wie Menschen, sind außerordentlich anpassungsfähig. Viele Verhaltensformen sind ihnen nicht angeboren, statt dessen aber die Fähigkeit, das Erforderliche zu lernen. Hunde lernen wie wir aus ihren Erfahrungen: aus allem, was um sie herum und mit ihnen geschieht, Tag für Tag, jeden einzelnen wachen Augenblick. Sie sammeln Erfahrungen aus ihren Erlebnissen und nutzen sie in der Zukunft.

Was immer jemand tut – auch ein Hund – tut er, weil er einen Beweggrund dafür hat, weil er dazu motiviert ist. Er trinkt, weil er Durst hat, frisst, weil er Hunger hat, er befriedigt Bedürfnisse, seien sie körperlicher oder sozialer Natur. Angenehme Folgen wirken motivierend, ein Verhalten zu wiederholen: Das Futter hat gut geschmeckt – also kann man es wieder fressen. Diese Wirkung und Rückwirkung bezeichnet man als **positive Verstärkung.**

Je nachdem, ob Erfahrungen angenehm oder unangenehm sind, kann in Zukunft ein Weg gewählt werden, angenehme Erfahrungen zu wiederholen und/oder unangenehme zu vermeiden. Damit Hunde sich angemessen verhalten können, müssen sie die Gelegenheit haben, diese Erfahrungen überhaupt zu machen und das Richtige zu lernen.

Hunde können nur das lernen, wozu sie – biologisch gesehen – fähig sind. Wie schon erwähnt, verstehen und lernen Hunde Körpersprache viel leichter und besser als Worte.

Hunde lernen stark assoziativ. Ein Hund verknüpft beim Erlernen eines Verhaltens dieses Verhalten mit der gesamten Situation: der Umgebung, dem Ort selbst, anwesenden Personen, Kleidung, Körperhaltung des Trainers, Gerüchen und vielen anderen Wahrnehmungen.

Hunde können nicht gut und nur sehr langsam verallgemeinern. Erlernte Verhaltenweisen wie „Sitz“ und „Platz“

Solche trainierten Verhaltensweisen beruhen auf komplexen Lernvorgängen.

auf Kommando müssen zwischen 2000 und 20 000 Mal unter ganz verschiedenen Bedingungen und an den verschiedensten Stellen geübt werden, bevor sie „verallgemeinert" und damit einigermaßen zuverlässig ausgeführt werden.

Angst allerdings ist ein lebenswichtiger Schutzmechanismus. Erfahrungen mit Angst führen daher schnell zur Vorsicht und können verhältnismäßig leicht verallgemeinert (generalisiert) werden. Zum Beispiel kann ein Hund, der Angst vor großen Männern hat, leicht Angst vor Männern im Allgemeinen entwickeln.

Die **individuelle Lernfähigkeit** des einzelnen Tieres hängt von verschiedenen Faktoren ab: unter anderem spielen Alter, Entwicklungsstufe und besondere Fähigkeiten der Rasse eine Rolle. Je mehr diese Punkte bei der Erziehung berücksichtigt werden, desto artgemäßer ist die Hundeerziehung.

Als angemessene Erziehung könnte man bezeichnen, wenn ein Hund ausreichend auf die möglichen späteren speziellen Anforderungen vorbereitet wird. Dazu muss man ihn das lehren und mit ihm üben, was er in seinem späteren Leben in der menschlichen Gesellschaft beherrschen muss, zum Beispiel: mit Kindern zu leben. Grundsätzlich sollte man von einem Hund nur das erwarten, was man ihn gelehrt und ausreichend mit ihm geübt hat.

Grundlagen des Lernens: Lerntheorie

Die Fähigkeit zu lernen ist angeboren. Sie beruht auf organischen Gegebenheiten wie der Funktion von Sinnesorganen, Nerven und Gehirn und ist ein biologischer Vorgang, der bestimmten Regeln unterliegt. Ebenso, wie die Lunge nur funktionieren kann, wenn Sauerstoff in der richtigen Form und Konzentration angeboten wird, kann ein Lernprozess nur ablaufen, wenn das, was gelernt werden soll, in der richtigen Form dargeboten wird, wenn also bestimmte Prinzipien und Regeln befolgt werden. Jedes Mal, wenn etwas erfolgreich gelernt wird, werden diese Regeln befolgt – beabsichtigt oder unbeabsichtigt, bewusst oder unbewusst.

Grundregeln

Klassische Konditionierung

Zwei Ereignisse, die kurz aufeinander folgen, werden miteinander verknüpft = assoziiert, ohne dass das betreffende Lebewesen darauf bewusst Einfluss nehmen kann.

Instrumentelle/operante Konditionierung

Ein Verhalten, das erwünschte/angenehme Folgen hat, wird unausweichlich öfter ausgeführt und gleichzeitig auch stärker werden. Ein Verhalten, das unerwünschte/unangenehme Folgen hat, wird weniger oft ausgeführt und gleichzeitig auch schwächer werden.

Timing

Eine Grundvoraussetzung für Lernen: Die Verknüpfung zwischen zwei Ereignissen oder einem Verhalten und seinen Folgen kann nur stattfinden, wenn ein unmittelbarer zeitlicher Zusammenhang – höchstens eine Sekunde Abstand – besteht.

Angenehme, positive Folgen für erwünschtes Verhalten **(Belohnungen)** wirken am besten direkt im Anschluss an das erwünschte Verhalten.

Wenn etwas Neues gelernt oder eingeübt wird, sollte das erwünschte Verhalten jedes Mal belohnt werden. Ein schon erlerntes Verhalten wird durch unregelmäßige Belohnungen aufrecht erhalten und weiter verbessert.

Grundsätzlich gibt es viele Möglichkeiten, einen Hund zu belohnen. Je besser man einen Hund kennt, je genauer man sich auf ihn einstellen kann, desto besser weiß man, was bei diesem individuellen Hund in diesem Moment am besten wirken könnte. Das kann sich natürlich von einem Augenblick auf den anderen ändern. Futterbelohnungen bieten sich an, weil Futter lebensnotwendig ist. Dabei muss aber zwischen Belohnung und Bestechung unterschieden werden. Eine Bestechung erfolgt vorher. Es ist zwar in Ordnung, wenn Futter am Anfang vorübergehend als Lockmittel eingesetzt wird. Das sollte aber so schnell wie möglich wieder geändert werden. Im Gegensatz zu einer Bestechung erfolgt eine Belohnung (wie eine Bezahlung) hinterher, im Austausch dafür, dass ein Verhalten auf Wunsch des Besitzers perfekt ausgeführt worden ist. Als Folge achtet der Hund auf seinen Menschen, um keine Gelegenheit zu versäumen, eine Belohnung zu bekommen. Er lernt so, sich den Wünschen seines Menschen unterzuordnen und entsprechend zu reagieren. Er hat gelernt so zu reagieren, weil er etwas verdienen kann.

Unerwünschte/unangenehme Folgen **(Strafen)** *haben nur dann die beabsichtigte Wirkung, wenn ebenfalls die entsprechenden Regeln für das Lernen eingehalten werden:*
1. **im richtigen Augenblick**, *vorzugsweise gleich zu Beginn des unerwünschten Verhaltens* **(Timing)**,
2. **so stark sein**, *dass das unerwünschte Verhalten auf der Stelle abgebrochen wird* **(Intensität)**,
3. **jedes Mal** *erfolgen, wenn das unerwünschte Verhalten auftritt* **(Konsequenz)**.

Wenn diese Prinzipien nicht eingehalten werden (können), ist es für den Hund nicht möglich, Verhalten und Folge zu verknüpfen. Das führt zu Missverständnissen. Der Hund kann nicht lernen, welches Verhalten denn nun unerwünscht ist.

Bei körperlichen Strafen erfolgt darüber hinaus zwangsläufig eine Verknüpfung mit demjenigen, der dem Hund die Strafe zufügt, also meistens dem Halter. Da die Voraussetzungen, damit eine Strafe wirkt, im Alltag kaum erfüllt werden können, kann der Hund keine Verbindung zwischen seinem Verhalten und der Strafe herstellen: Der strafende Mensch erscheint ihm unprovoziert aggressiv. Das beeinträchtigt das Vertrauensverhältnis zwischen Hund und Bezugsperson(en).

Erziehungstechniken

Der Schlüssel zum Erfolg bei der Hundeerziehung liegt in der Fähigkeit, einen Hund zu motivieren, bestimmte erwünschte Dinge zu tun. Denn genau wie Menschen tun auch Hunde nichts „einfach so".

Je nach Situation kann man sich dazu verschiedener **Hilfsmittel** bedie-

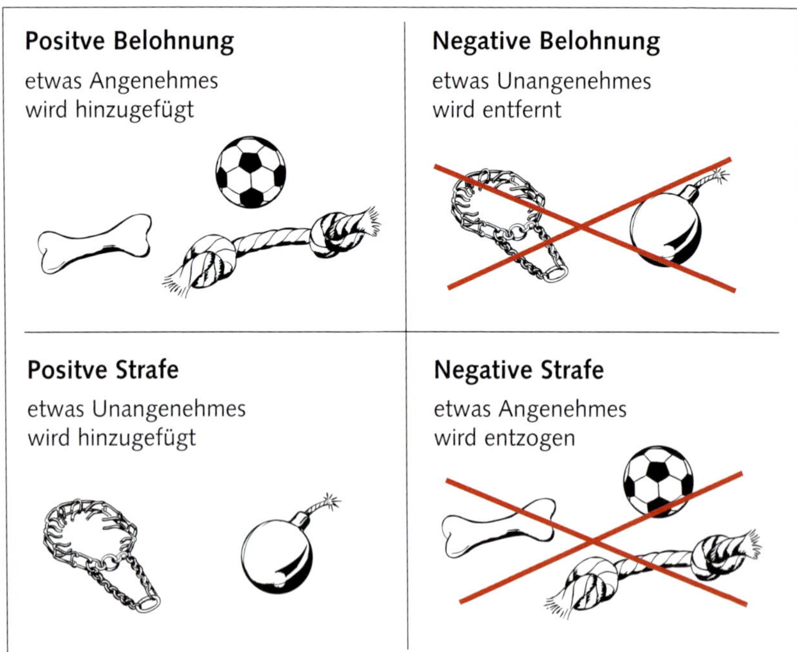

Lob und Strafe: Die effektivsten und „nebenwirkungsfreiesten" Methoden sind die postive Belohnung und die negative Strafe.

nen. Im Trainingsbereich sind häufig Spielzeug oder Futter starke Motivationsmittel für Hunde. Es gibt aber auch Situationen, wo andere Motivationsmittel größere Wirkung haben.

Genau wie der Mensch lernen auch Hunde aus **Erfolgen und Misserfolgen**. Wenn mit einer Handlung ein persönlicher Erfolg verbucht werden kann, wird diese Handlung in Zukunft wieder gezeigt. Einen Erfolg erzielt zu haben, hat Motivationscharakter. Das Gegenteil gilt für Misserfolge.

Diese Tatsachen macht man sich schon seit jeher bei der Hundeerziehung zunutze. **Lob und Strafe** sind hierbei die „Spielbälle", die eingesetzt werden.

Für den Einsatz von Lob und Strafe hat man vier Möglichkeiten:
1. Das Hinzufügen von etwas Gutem
Beispiel: der Hund erhält ein Leckerchen.
2. Das Wegnehmen von etwas Unangenehmem
Beispiel: man lässt den Zug auf das Halsband nach.
3. Das Hinzufügen von etwas Unangenehmem
Beispiel: ein kräftiger Ruck an der Leine.
4. Das Wegnehmen von etwas Gutem
Beispiel: Entzug von Aufmerksamkeit.

Über einige Dinge sollte man sich aber im Klaren sein: Für Hunde stellen unter Umständen andere Dinge einen Erfolg dar als für uns Menschen. Dies ist nicht selten die Ursache für Probleme in der Hundeerziehung und auch für Missverständnisse in der Mensch-Hund-Beziehung.

Man kann Hunden durch enge zeitliche Kopplung mit einem zunächst neutralen Reiz wie beispielsweise dem Kommandowort eine reflexartig ablaufende und nicht bewusst steuerbare Handlung beibringen. Dies nennt man **klassische Konditionierung**. Ein praktisches Beispiel wäre das Versäubern auf Befehl.

Häufiger bedient man sich allerdings der **instrumentellen Konditionierung**, das heißt man erhöht oder erniedrigt mit Lob und Strafe die Wahrscheinlichkeit, dass der Hund bestimmte Verhaltensweisen zeigt.

Den **Entzug von Aufmerksamkeit** (Ignorieren = den Hund nicht anfassen, nicht angucken, nicht ansprechen) sollte man als Erziehungstechnik nicht unterschätzen, denn Hunde als soziale Rudeltiere streben nach Aufmerksamkeit. Hunde untereinander setzen das Sich-Ignorieren relativ häufig als „Strafe" ein. Sie tun hierbei so, als ob sie bestimmte Dinge, die ein anderer Hund oder auch ein Mensch gerade macht, nicht bemerken. Auch als Mensch kann man sich dieser Technik bedienen, denn sie verursacht beim Hund keinerlei Vertrauensverlust. Ganz im Gegenteil. Im Prinzip wertet man sich sogar in der Rangstellung auf, wenn man es nicht mehr nötig hat, auf kleinere Vergehen des Hundes zu reagieren, denn dies spiegelt Souveränität wider.

In der Hundeerziehung sollte man sich immer kritisch fragen, was der Hund in einer bestimmten Situation überhaupt lernen kann, denn manchmal glaubt man, mit einer bestimmten Erziehungstechnik etwas zu erreichen, aber der Hund versteht aufgrund der

Lernbiologie etwas ganz anderes. Hierzu zwei Beispiele:

1) Der Hund zieht an der Leine und flippt aus, wenn er einen anderen Hund sieht. Man versucht ihn zu beruhigen, denn er ist sehr erregt. Diese Handlung interpretiert er als Lob, weil Hunde keine Beruhigungsmomente kennen, er aber den sanften Tonfall und das Streicheln schon häufig als Lob erfahren hat. Dies führt dazu, dass der Hund lernt, dass es sich lohnt auszuflippen, weil er glaubt, für sein Verhalten gelobt worden zu sein.

2) Der Hund wird durch einen harten Leinenruck bestraft, wenn er beginnt auszuflippen. Dies birgt mehrere Probleme in sich. Zum einen wird der Hund nur dann sein Verhalten tatsächlich unterbrechen, wenn die Strafmaßnahme stark genug ist. Bei starken körperlichen Strafen läuft man aber Gefahr, gegen das Tierschutzgesetz zu verstoßen, denn es ist verboten, Hunden Schmerzen zuzufügen. Leichte Strafen wiederum werden vom Hund nicht als Strafe interpretiert und führen nicht zum Erfolg. Zum anderen ist der Einsatz einer Strafmaßnahme grundsätzlich nicht dazu geeignet, dem Hund zu vermitteln, dass andere Hunde für ihn nichts Schlimmes bedeuten und er nicht ausflippen muss. Ganz im Gegenteil: Die anderen Hunde werden für ihn zum Auslöser für die unangenehmen Strafen. Das führt oft dazu, dass er versucht, eine Strategie zu entwickeln, andere Hunde noch schneller durch aggressive Gestik so einzuschüchtern, dass diese sich trollen.

> **Merke:** *Jede Form der Aufmerksamkeit stellt für den Hund eine Form der Belohnung dar, denn für den Hund zählt am meisten, im Mittelpunkt zu stehen. Ob diese Aufmerksamkeit positiv gefärbt ist (in Form eines Lobes) oder negativ (in Form einer Strafe), spielt dabei kaum eine Rolle.*

Hunde bieten von sich aus viele erwünschte Verhaltensweisen an. Ein erfolgreicher Weg der Hundeerziehung ist demnach, erwünschtes Verhalten durch Lob zu festigen. Diese Technik macht man sich zum Beispiel beim so genannten **Clickertraining** zunutze. Durch das Click und das nachfolgende Leckerchen (oder eine andere Belohnung) verstärkt man erwünschte Handlungen, die der Hund von sich aus zeigt. Unerwünschte Handlungen hingegen werden konsequent ignoriert und laufen sich dann tot, denn Hunde sind erfolgsorientiert und wollen lieber ein Lob einheimsen als ignoriert zu werden.

Von ausschlaggebender Wichtigkeit ist aber auch eine gute **Bindung** zwischen dem Hund und seinen Menschen. Dies erleichtert nicht nur die Erziehung ungemein, sondern ist auch für eine gute Kontrolle über den Hund wichtig. Ein Hund, der nur mangelhaft an seinen Besitzer gebunden ist, macht auf dem Spaziergang nicht selten was er will. Um eine gute Bindung zu erreichen, darf man den Hund nicht durch für ihn unlogisches Verhalten verunsichern. Wenn man sich an die Gesetze der Lernbiologie hält, wird es in diesem Punkt keine Probleme geben.

Lernen basiert auf der Fähigkeit **Verknüpfungen herzustellen**. Die Zeitspanne, in der der Hund zwei Dinge (eine Handlung und ein Lob) miteinander verknüpfen kann, ist sehr eng. Sie liegt, wie schon erwähnt, bei etwa einer Sekunde! Auf diese Tatsache muss man bei der Anwendung jeder Erziehungstechnik Acht geben, denn sonst führt das eingesetzte Lob oder auch eine Strafe nicht zum erwünschten Ergebnis.

Um Frustrationen in der Hundeerziehung von vornherein vorzubeugen, sollte man nicht immer das erträumte Endziel vor Augen haben, wenn man dem Hund etwas vermitteln möchte, sondern den Hund auf dem Weg dorthin für jede kleine Verbesserung belohnen.

Beispiel:
Der Hund soll lernen liegen zu bleiben, wenn sich der Besitzer entfernt. Zu Beginn dieses Trainings wird er vielleicht noch liegen, wenn der Besitzer sich einen Meter entfernt, dann allerdings wird er hinterherlaufen wollen. Als Regel sollte in diesem Fall gelten: Er wird für die geringe Distanz, die er beherrscht, belohnt. Und in den nächsten Übungen verlangt man in kleinen Schritten immer ein wenig mehr Leistung.

Dasselbe gilt auch für das Abgewöhnen unerwünschter Verhaltensweisen. Eine Methode ist, dem Hund ein Verhalten beizubringen, das er anstelle des unerwünschten Verhaltens zeigen soll. Eine andere Technik ist, den Hund schrittweise an den Reiz zu gewöhnen, vor dem er beispielsweise Angst hat. Man kann diese beiden Erziehungstechniken auch miteinander kombinieren.

Wichtig dabei ist, dass der Hund mit seinem „neuen" Verhalten einen Erfolg verzeichnen kann. Nur dann wird er auch in Zukunft immer häufiger dieses Verhalten wieder zeigen. Ist sein Verhalten mit einem Misserfolg verknüpft, wird er sich eine neue Strategie überlegen, die für ihn erfolgreicher ist.

Hilfsmittel in der Hundeerziehung

In der Hundeerziehung kann man sich bestimmter Hilfsmittel bedienen, die das Training erheblich erleichtern. Bei der Auswahl der Hilfsmittel sollte aber darauf geachtet werden, dass sie tierschutzgerecht sind. Leider ist dies nicht bei allen angebotenen Produkten der Fall.

Die Auswahl der **Leine** ist weitestgehend Geschmacksache. Es gibt Leinen aus einer Metallkette mit einer Handschlaufe aus Leder, Lederleinen, Leinen aus Nylon, Stoff oder geflochtene Leinen aus anderen Materialien. Wichtig ist, dass die Leine über einen stabilen, aber leichten Karabiner verfügt, der sich von selbst nicht öffnen kann. Die Leine ist ein Hilfsmittel, das der Sicherheit dienen soll.

Es gilt die Regel: Je länger die Leine, desto schlechter ist die Kontrolle über den Hund. Daher ist der Einsatz von so genannten Ausziehleinen nur in ganz bestimmten Fällen sinnvoll.

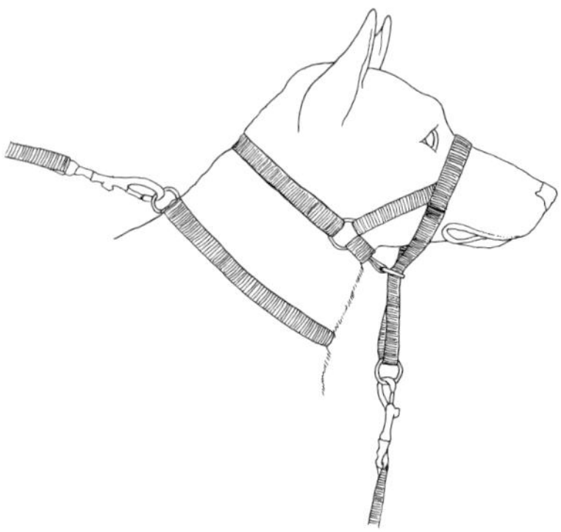

Die Vorteile des Haltis kann man nur nutzen, wenn die Leine am Ring unter der Schnauze befestigt ist.

Anders ist der Einsatz einer **Schleppleine** (eine leichte zehn bis fünfzehn Meter lange Leine, die der Hund hinter sich herzieht) zu bewerten. Diese wird allerdings nicht auf der Straße und beim Spaziergang, sondern nur zu gezielten Übungen im Trainingsbereich eingesetzt.

Das **Halsband** sollte möglichst breit sein, denn dann verteilt sich der Druck besser, wenn der Hund einmal an der Leine zieht. Das schont Kehlkopf und Luftröhre und beugt der Entwicklung von chronischem Husten vor. Es gibt Halsbänder aus Leder, Stoff, Nylon oder Metall. Wichtig ist, dass das Halsband so eingestellt ist, dass es nicht zu eng sitzt. Besonders im Wachstum muss dies immer wieder kontrolliert werden. Zu weit darf es aber auch nicht sein, denn der Hund sollte nicht mit dem Kopf herausschlüpfen können. Ob man sich für ein Würgehalsband mit Stop oder für ein herkömmliches Halsband entscheidet, ist Geschmacksache. Endloswürger (Würger ohne Stop) oder Stachelhalsbänder (Korallenbänder) bereiten dem Hund Schmerzen und sind somit tierschutzrechtlich sehr bedenklich.

Als Alternative zum Halsband kann man auch ein Geschirr benutzen. Hierbei ist darauf zu achten, dass es gut sitzt und an keiner Stelle scheuert. Aus einem gut angepassten **Geschirr** kann der Hund nicht herausschlüpfen. Das erhöht die Sicherheit. Für Autofahrten gibt es spezielle Autogeschirre. Bei der Anschaffung sollte man auf eine TÜV-Prüfung achten. Hinter dem Namen „Erziehungsgeschirr" oder auch Lupi, Gentle- oder Easy Walk verbirgt sich ein Geschirr, dessen Bänder von der Brust aus unter den Achseln des Hundes in Richtung Rücken geführt werden. Diese Hilfsmittel sind deshalb abzulehnen, weil sie dem Hund unter der Achsel durch Druck auf die Nerven, die vom Rumpf bis in die Vorderbeine verlaufen, starke Schmerzen bereiten.

Seit einigen Jahren gibt es spezielle, für Hunde entwickelte **Halfter** (Haltis, Gentle Leader). Mit einem solchen Halfter wird der Hund vom Kopf her geführt, was diverse Vorteile in sich birgt. Die wichtigsten sind, dass das Halfter zum einen das Führen des Hundes erleichtert, zum anderen erhöht es die Sicherheit, wenn es richtig angelegt ist, wenn also die Leine unter dem Kinn des Hundes an dem dafür vorgesehen Metallring befestigt ist. Man kann dann mit dem Halfter auch große und kräftige Hunde ohne großen Kraftaufwand halten. Das Halfter ist kein Maulkorb, Beißen wird dadurch nicht verhindert, denn die Be-

Sinnvoll, wenn sie richtig eingesetzt werden: Wurfkette, Training-Disc, Clicker.

wegungsfreiheit des Kiefers ist nicht eingeschränkt. In einigen Bundesländern ist es aber als Alternative zum Maulkorb zugelassen.

Maulkörbe gibt es aus Stahl, Plastik, Nylon und Leder. Wenn ein Hund längere Zeit (auf einem Spaziergang) einen Maulkorb tragen muss, sollte man den Gitter-Modellen, gleich welchen Materials, den Vorzug geben. Mit diesen Maulkörben können die Hunde sogar Wasser trinken und hecheln. Beides sollte immer uneingeschränkt möglich sein. Bei der Auswahl des Materials sollte man bedenken, dass der Hund ein Nasentier ist und bei Ledermaulkörben dauernd den Ledergeruch in der Nase hat. Maulkörbe, die keinen Bewegungsspielraum für die Kiefer mehr zulassen, verhindern zwar das Beißen, schaden aber der Gesundheit des Hundes. Ein längerer Einsatz ist somit nicht tierschutzgerecht.

Hundepfeifen kann man im Training als Signal zum Beispiel für ein Rückrufkommando einsetzen. Sie sind sinnvoll, weil durch den Pfeifton für die Hunde nie die momentanen Emotionen des Halters zu erkennen sind. Besonders in einem Mehrpersonenhaushalt macht sich der Einsatz bezahlt, weil der Hund sonst durch die unterschiedlichen Stimmen viele Einzelkommandos lernen muss. Pfeifen gibt es aus Metall, Holz, Horn oder Plastik. Es gibt Pfeifen, deren Ton im Ultraschallbereich liegt. Hunde können solche Töne in aller Regel hören. Einen guten Gehorsam auf den Pfeifton kann der Hund allerdings erst nach einem entsprechenden Training zeigen. Dazu muss man den Hund ganz gezielt auf diesen Ton trainieren und ihm durch geschickt angesetzte Übungen vermitteln, welches Verhalten er zeigen soll.

Als **Clicker** bezeichnet man im Hundetraining Knackfrösche oder kleine Plastikkästchen mit einer Metallfeder, die ein Click-Clack-Geräusch erzeugen. Man kann Clicker als so genannten positiven sekundären Verstärker einsetzen. Zunächst muss man dem Hund beibringen, dass er immer nach dem Ertönen des Click-Clack beispielsweise ein Leckerchen bekommt. Nach dieser Einführungskonditionierung kann man den Clicker dann im Training einsetzen. Durch den Clicker ist ein besonders zeitgenaues Bestätigen von erwünschtem Verhalten möglich. Training mit dem Clicker ist für den Hund stressfrei, weil das Hauptaugenmerk darauf gelegt wird, gutes Verhalten zu verstärken.

Fisher Discs sind fünf an einem Ring befestigte leicht gebogene Metallscheiben. Im Gegensatz zum Clicker werden die Scheiben normalerweise im Training als negativer Verstärker eingesetzt. Je nach Trainingstechnik dienen sie dazu, nach einer entsprechenden Verknüpfung gezielt Frustration zu erzeugen, wenn man mit ihnen klappert.

Als aversive Schreckreize/anonyme Bestrafung kann man **Wurfketten** (kurze, leichte Metallgliederketten) oder Klapperdosen (wie eine mit ein paar Steinchen gefüllte leere Getränkebüchse) einsetzen. Allerdings können über den Schreck auch unerwünschte Assoziationen entstehen. Beim Setzen eines Unterbrechungsreizes mittels einer **Wasserpistole** ist diese Gefahr geringer.

Unter dem Namen **Master Plus** ist ein Gerät auf dem Markt, das aus zwei Teilen besteht, einem Empfängerkästchen, das am Halsband des Hundes befestigt ist und einem Sender. Per Fernsteuerung kann man am Empfängerkästchen je nach Gerät einen Sprühstoß Luft, Wasser- oder Zitrusnebel auslösen. Für den Hund stellt dies einen recht starken Schreckreiz dar, der ausgenutzt werden kann, um ihn bei einem unerwünschten Verhalten zu unterbrechen. Der Einsatz von den Master Plus-Geräten ist zwar gesundheitlich unbedenklich, dennoch kann es bei unsachgemäßem Gebrauch zu Fehlverknüpfungen und Angstverhalten kommen.

Anti-Bell-Halsbänder sind in zwei Varianten auf dem Markt. Die einen versprühen Zitronenduft, wenn der Hund bellt. Dies soll ihn von dem Reiz ablenken, der ihn zum Bellen veranlasst hat. Ähnlich wie beim Master Plus kann man bei unsachgemäßem Einsatz dieses Gerätes auch Angstverhalten erzeugen. Die anderen Geräte arbeiten mit Reizstrom und sind aus tierschutzrechtlichen Gründen sehr bedenklich, weil sie dem Hund Schmerzen zufügen.

Als **Teletaktgeräte** bezeichnet man Reizstromgeräte, die per Fernbedienung ausgelöst werden. Der Stromschlag an den Hals des Hundes verursacht Schmerzen und einen massiven Schreck. Auch der Einsatz dieser Geräte ist tierschutzrechtlich außerordentlich bedenklich. Sehr häufig entwickeln Hunde danach ernsthafte Verhaltensauffälligkeiten.

Spielzeug wird in der Hundeerziehung vor allem zur Beschäftigung und als Objekt bei Apport-Übungen eingesetzt. Auch als Mittel zur Belohnung eignet es sich hervorragend. Welche Art von Spielzeug man benutzt, hängt stark von den Vorlieben des Hundes ab. Es sollte bei der Auswahl darauf geachtet werden, dass das Spielzeug stabil ist, also keine kleinen Teile davon abgebissen und verschluckt werden können. Es sollte außerdem keine scharfen Kanten haben, an denen sich der Hund verletzen kann.

Mit **Stöcken** und **Steinen** spielen viele Hunde gern, so dass auch diese Dinge als Hilfsmittel bezeichnet werden können. Steine zerstören allerdings durch die Reibung an den Zähnen den Zahnschmelz des Hundes oder können verschluckt werden. Bei Stöckchen kommt es durch Splittern des Holzes relativ häufig zu Verletzungen. Der Einsatz von Stöcken und Steinen ist also kritisch zu bewerten.

Als Motivationsmittel und zur Belohnung kann man bei fast allen Hunden **Futter** benutzen. Wichtig ist, dass es besonders lecker und möglichst von weicherer Konsistenz ist, damit der Hund es schnell fressen kann. Die Leckerchen sollten klein sein, damit kein Sättigungseffekt entsteht. Außerdem sollte die als Belohnung verfütterte Menge von der Tagesfutterration abgezogen werden, damit der Hund nicht an Gewicht zulegt.

Auch eine in der Wohnung aufgestellte **Hundehütte** oder eine **Transportbox** kann man als Hilfsmittel für die Erziehung bezeichnen. Beides ist zum Beispiel für das Training zur Stubenreinheit oder auch bei einer speziellen Therapie gegen Ängste beim Alleinebleiben hervorragend geeignet. Wenn man den Hunden diese Boxen als Schlafplatz anbietet und vielleicht ein spezielles Boxentraining mit ihnen absolviert, lieben die Tiere diesen sicheren Zufluchtsort meistens. Dies kann man dann leicht beim Reisen ausnutzen, denn der Hund fühlt sich in „seiner" Hundehütte überall ein wenig mehr zuhause als auf einem fremden Schlafplatz.

In einer **Bauchtasche** lassen sich Leckerchen, Spielzeug, ein Maulkorb oder auch Erste-Hilfe-Material prima unterbringen, wenn man mit dem Hund unterwegs ist.

Mensch und Hund: eine Beziehungskiste

Wenn ein Welpe ins Haus kommt, ist das für die betreffenden Menschen ein aufregendes Erlebnis und meist der Beginn einer wunderbaren Beziehung. Für den Welpen ist es ein Schock. Dabei hat er noch Glück, wenn er gleich zu seinen Besitzern kommt und nicht erst im Tierhandel landet, wenn er also nur von den fremden Menschen in ein Auto gepackt und nicht in einer dunklen Kiste verschickt wird.

Von einem Augenblick auf den anderen ist seine Welt aus den Angeln gehoben. Seine Mutter und seine Geschwister, auch die früheren Bezugspersonen sind nicht mehr da, die gewohnte Umgebung verschwunden. Seine angeborene Körpersprache wird nicht oder nur schlecht verstanden. Die Regeln, die er im Umgang mit Mutter und Geschwistern kennen gelernt hat, gelten nicht mehr, seine bisherigen Erfahrungen haben keinen Wert mehr.

Was lernt ein Welpe?

In seinem neuen Heim macht der Welpe viele neue Erfahrungen. Er muss vielleicht allein schlafen. Das macht ihm Angst, denn Hunde sind nicht für das Alleinsein geschaffen. Sie sind soziale Tiere und brauchen zu ihrem Wohlbefinden Gesellschaft. An das Alleinsein müssen sie sich erst langsam gewöhnen. Futter gibt es genug, niemand – auch nicht die Geschwister – macht es ihm streitig. Wenn es einen anderen Hund im Haus gibt, wird dieser meist gezwungen, den Kleinen immer nett zu behandeln. Soziale Zuwendung, Streicheln, alles ist da. Die meisten Hunde leben sozusagen wie im Schlaraffenland: Ihnen gehört die ganze Aufmerksamkeit, sie bekommen andauernd Zuwendung, wenn nicht durch Anschauen, Lachen, Lob und Schmusen, dann durch Erklärungen, Tadel, Schimpfen oder Unterbrechen eines unerwünschten Verhaltens. Hunde müssen nur selten – im Gegensatz zu uns Menschen – für die angenehmen Dinge im Lebens etwas tun.

Sie bekommen den Eindruck, sie seien das Zentrum der Welt. Die folgenden Dinge informieren einen Hund über seinen Rang.

Ranghoch ist, wer z. B.
- das Essen vor den anderen bekommt,
- fressen darf, solange er will und soviel er will,
- als Erster in die/aus der Wohnung geht,
- als Erster Neuankömmlinge (Besuch) begrüßen darf und auch zuerst begrüßt wird,
- Kontakt (Schmusen, Spiel) beginnt und beendet,
- die besten (meist erhöhten) Plätze beanspruchen darf.

Solche Spiele sollten unbedingt vermieden werden, um späteren Problemen vorzubeugen.

Ranghoch ist derjenige, der alles haben und tun darf, wann immer er will. Ein Hund, der immer wieder diese Erfahrungen macht, hält sich für ranghoch und verhält sich entsprechend. Er fordert – häufig unbemerkt und mit Erfolg – auch seine Rechte ein. Zum Beispiel kann ein Hund durch Anlehnen fordern, dass er gestreichelt wird. Wenn man das dann tut, erhält der Hund die Information: Streicheln gefordert, Streicheln bekommen. Er ist ranghoch, weil er das bekommt, was er gefordert hat. Seine Menschen haben diese Forderung erfüllt ohne zu „widersprechen". Damit haben sie, ohne es selbst zu bemerken, seinen Rang anerkannt und sein Verhalten unbeabsichtigt verstärkt. Andererseits verhalten sich Menschen aber oft nicht so, wie es ihrem – in den Augen des Hundes – niederen Rang entsprechen würde. Sie halten sich also nicht an die Regeln und erscheinen für den Hund dadurch unberechenbar und unzuverlässig. Wenn zusätzlich körperliche Strafen ins Spiel kommen, erscheinen einem Hund die Menschen grundlos aggressiv.

Die Information, welches Verhalten erwünscht ist und welches nicht, bekommt der Hund in erster Linie in menschlicher Sprache, die er nicht versteht. Belohnungen und Strafen erfolgen nicht zum richtigen Zeitpunkt: Der Zusammenhang mit einem bestimmten Verhalten wird für den Hund nicht deutlich. Das Erlernen von erwünschtem Verhalten wird erschwert und so lernt er es nur langsam. Zusätzlich hat er viel Erfolg bei unerwünschtem Verhalten (Hochspringen, Bellen oder Graben im Garten). Dadurch wird es unbeabsichtigt verstärkt.

Für einen (jungen) Hund ist es überhaupt nicht leicht, das zu lernen, was für ein geordnetes Zusammenleben mit Menschen wünschenswert und erforderlich wäre.

Was sollte der Hund unbedingt lernen?

Manches ist für ein erfolgreiches Zusammenleben von Menschen und Hunden unerlässlich: Stubenreinheit, eine gute Bindung zu den Familienmitgliedern, eine klare Rangposition innerhalb der Familienhierarchie und sich ohne Gegenwehr überall anfassen zu lassen. Ebenfalls grundlegend wichtig ist das Vertrauen des Hundes zu seinem/n Menschen, „Höflichkeit" im Umgang mit fremden Menschen sowie das Befolgen einiger weniger Grundbefehle wie Sitz, Platz, Komm und anständig an der Leine zu gehen.

Die familiäre Rangordnung

Eine geordnete Rangordnung gibt Hunden Sicherheit und ermöglicht ein geordnetes und spannungsfreies Zusammenleben im Familienverband. Sie regelt den Zugang zu den vorhandenen Gütern und dient dazu, Ernstkämpfe so weit wie möglich zu vermeiden. Wie in hierarchischen Strukturen beim Menschen gilt, je höher der Rang, desto unbeschränkter ist der Zugang zu den vorhandenen Gütern. Je höher der Rang, desto größer ist auch die Autorität. Es ist offensichtlich, dass eine klare Rangordnung für Menschen wie Hunde sinnvoll ist und beiden nützt. Menschen haben eigentlich den Zugang zu allem, was für Hunde zum Leben wichtig ist: Futter, Schmusen, Spazierengehen und Spielen. Das bedeutet, Menschen sind von vornherein eigentlich auch ranghoch. Hunde können das aber leider oftmals nicht merken, weil Menschen, anstatt Kontrolle über diese Ressourcen auszuüben, alles umsonst hergeben. Hunde haben daher wenig Möglichkeit, solche klaren Zeichen für den höheren Rang des Menschen überhaupt zu erleben und wahrzunehmen.

Die Information, dass Menschen ranghoch sind, muss Hunden unzweideutig und freundlich übermittelt werden. Am einfachsten geschieht das, indem der Mensch von Anfang an den Zugang zu den wichtigen Dingen im Leben für den Hund kontrolliert. Der Hund muss, wie wir alle, etwas dafür tun, damit er an die schönen Dinge kommt.

Ein Hund, der immer wieder die Erfahrung macht:
– alles gehört Frauchen/Herrchen
– man erhält diese Dinge, wenn man tut, was Frauchen/Herrchen wollen,
erlebt automatisch eine Rangeinweisung und lernt, dass es sich lohnt, auf Frauchen/Herrchen zu achten und deren Wünsche zu befolgen.

Eine Diskussion über den Rang erübrigt sich dadurch: Herrchen und Frauchen beweisen – ohne körperliche Gewalt anwenden zu müssen – sozusagen tagtäglich, dass sie ranghoch sind. Sie werden wichtig, überschaubar, zuverlässig und vertrauenswürdig und es lohnt sich für den Hund, etwas für sie zu leisten.

Eine sehr nützliche Übung hierfür besteht darin, gleich am Anfang den Hund häufig Bissen für Bissen aus der Hand zu füttern anstatt das Futter einfach im Napf auf den Boden zu stellen. Die Gegenleistung des Hundes besteht darin, brav hinterherzukommen und sich immer wieder ordentlich vor seinen Besitzer hinzusetzen.

Dieser Hund fühlt sich deutlich unwohl!

Auf diese Weise wird die „Macht“ des Hundebesitzers für den Hund deutlich: Er ist die Quelle des Futters und damit des Lebens. Man muss ihm nachfolgen und auf ihn achten. Das führt gleichzeitig zu einer engen Bindung an diese wichtige „futterspendende“ Person. Eine gute Bindung hat große Bedeutung für das ganze Hundeleben.
Machen Sie sich für Ihren Hund generell wichtig, machen Sie sich zum Nabel seiner Welt. Ignorieren Sie ihn häufiger. Ein rangniederes Tier wird von dem ranghöheren eigentlich kaum beachtet! Weisen Sie auch Besuch an, Ihren Hund zu ignorieren anstatt ihn begeistert zu begrüßen. Das bedeutet: Nicht angucken, nicht ansprechen, nicht anfassen! Planen Sie aber parallel dazu Zeiten ein, in denen Sie aktiv mit Ihrem Hund Kontakt aufnehmen.

Hunde sollten sich gern und überall ohne Gegenwehr anfassen lassen, zumindest von ihren Bezugspersonen. Das ist Hunden nicht von vornherein angeboren und muss erst gelernt und geübt werden. Von klein an sollte der Welpe also daran gewöhnt werden, dass seine Pfötchen untersucht werden, dass man in die Ohren und ins Maul schaut, dass das Fell durchwühlt und der Bauch inspiziert wird. Das sollte regelmäßig mit Belohnungen geübt werden, damit es für den Hund zum Vergnügen wird, sich anfassen zu lassen. Irgendwann kommt nämlich der Tag, an dem es auch ein bisschen weh tun kann – bei Ohrenschmerzen zum Beispiel. Ein Hund, der gelernt hat, sich gern anfassen zu lassen, hat dann meist genug Vertrauen und lässt sich auch Ohrentropfen ohne Gegenwehr einträufeln.

Wenn man den Welpen regelmäßig dazu auffordert, das Mäulchen aufzumachen und dann ein Futterbröckchen auf die Zunge legt, darf man später auch einmal einfach mal so ins Maul schauen und/oder hineinfassen und auch Tabletten eingeben.

Solch spielerische Übungen in den ersten Wochen und Monaten zahlen sich für ein ganzes Hundeleben aus. Übrigens lernen Hunde auch besser, wozu bestimmte Spielsachen da sind, wenn man mit ihnen gemeinsam damit spielt und sie ihnen nicht einfach so überlässt.

Aggressives Verhalten innerhalb der Familie

Das Verhältnis von Hund und Halter beeinflusst generell die Entwicklung von Verhalten. Das gilt natürlich auch für aggressives Verhalten, insbesondere **innerhalb** der Familie.

Häufig sind die Ursache dafür Missverständnisse zwischen Hund und Mensch, die zu einer unklaren Rangordnung führen. Eine ungeklärte Position innerhalb der Hierarchie verunsichert den Hund, er bekommt leicht Angst und reagiert dementsprechend.

Die so genannte **„Dominanzaggression“** beruht auf einer unklaren Rangordnung und einer nicht funktionierenden Hierarchie. Hierbei führen mangelndes Vertrauen zu den beteiligten Menschen sowie Unsicherheit und Angst zu aggressiven Reaktionen beim Hund. Das kann sowohl Angst vor dem Verlust von Ressourcen sein als auch vor dem Verlust der körperlichen Unversehrtheit.

Zusätzlich erfolgt aufgrund der täglichen Erfahrungen, die der Hund macht, meist eine Verstärkung des aggressiven Verhaltens. Wenn der Gegner zurückweicht, wenn das Futter, der Hausschuh oder ein gutes Lager im Besitz des Hundes bleibt, so ist das ein Erfolg, der das aggressive Verhalten verstärkt. Leider führen auch Beruhigungsversuche zu einer Verstärkung.

Strafen wiederum vergrößern die zugrunde liegende Angst, vor allem davor, die körperliche Unversehrtheit zu verlieren – und verstärken aggressives Verhalten ebenfalls, besonders wenn zusätzlich die zum Lernen erforderlichen Grundlagen nicht befolgt werden (können).

Aggressives Verhalten beim Hund löst umgekehrt auch beim Hundebesitzer Gefühle von Angst und Aggression aus und stärkt die Tendenz, den Hund zu bestrafen. Allein schon die Bezeichnung „Dominanzaggression" ruft beim Hundebesitzer Aggression hervor, weil er sich darunter einen selbstsicheren Hund vorstellt, der sich einfach Rechte herausnimmt und diese mit Gewalt durchsetzt. Da aber ein „dominant-aggressiver" Hund in Wahrheit unsicher ist und sich aus Angst so verhält, verbessern Gegenaggression und Strafen die Situation nicht, sondern führen zu einer Verschlechterung.

Zusätzlich können bestimmte Situationen und/oder Reize, sobald sie einmal mit aggressivem Verhalten assoziiert sind, dieses Verhalten jederzeit wieder auslösen. So könnte sich also ein Hund, der einmal gelernt hat, sich in der Nähe seines Futternapfes aggressiv zu gebärden, bei Vorhandensein des Futternapfes spontan aggressiv verhalten.

Es ist zwar möglich, durch gezielte Verhaltenstherapie solch unerwünschtes Verhalten zu ändern, aber das Mittel der Wahl besteht natürlich darin, von Anfang an dem Hund die richtigen Informationen auf eine für ihn verständliche Art zu übermitteln.

Klare Regeln und eine konsequente und freundliche Führung, die nicht auf der Demonstration von körperlicher Überlegenheit beruht, zeigen ihm, wer ranghoch ist.

Haltung, Pflege, Gesundheit, Ernährung

Hunde sind soziale Rudeltiere, die darauf angewiesen sind, mit anderen Sozialpartnern in einer Gruppe zu leben. Auch wenn sich Hunde hervorragend in einen Verband aus menschlichen Familienmitgliedern einordnen können, ist es dennoch wichtig, ihnen ausreichende Kontakte zu Artgenossen zu ermöglichen.

Selbstverständlich kann man einen Hund auch einmal für eine gewisse Zeit alleine lassen. Bei einer ganztägigen Berufstätigkeit ist eine artgerechte Haltung eines einzelnen Hundes allerdings schon sehr fragwürdig, denn es bleiben nur wenige Stunden des Tages, in denen der Hund die Möglichkeit für **Sozialkontakte** hat. Dasselbe gilt für die Zwingerhaltung. Die Unterbringung eines einzelnen Hundes in einer Zwingeranlage kann nicht als artgerecht bezeichnet werden. Für einen Hund ist es nicht nachvollziehbar, weshalb er dauerhaft vom restlichen Rudel ausgeschlossen wird.

Wenn man zwei oder mehrere Hunde hält, sollte man sich darüber im Klaren sein, dass auch doppelt so viel Erziehungsarbeit und auf den Spaziergängen doppelt so viel Kontrolle und entsprechend höhere Kosten für die Haltung notwendig sind.

Die Aussage, man brauche für die Haltung eines großen Hundes unbedingt eine große Wohnung oder ein großes Haus mit Garten, ist nicht unbedingt richtig. Wenn man den **wichtigsten Bedürfnissen** des Tieres nachkommen kann, ist gegen die Haltung eines großen Hundes in einer relativ kleinen Wohnung nichts einzuwenden, wenn es einen selbst nicht stört. Zu den wichtigsten Bedürfnissen des Hundes zählen neben den schon oben angesprochenen Sozialpartnern und Sozialkontakten natürlich auch körperliche und geistige Beschäftigung.

Bewegung und Beschäftigung

Geistige **Beschäftigung** ist auch für Hunde wichtig. Man kann Hunde geistig fordern, indem man ihnen Übungen oder Kunststücke beibringt. Diese können aus dem Gehorsamsbereich stammen oder sportlich orientiert sein. Auch Futter-Such-Spiele sind beliebt. Das Sprichwort „wer rastet, der rostet" gilt für Körper und Geist – bei Hunden ebenso wie bei Menschen.

Weil das notwendige Maß an **Bewegung** stark vom Gesundheitszustand des Tieres abhängig ist, kann man keine Richtlinie aufstellen, wie lange man mit dem Hund spazieren gehen sollte. Bei einem gesunden Hund mit guter Kondition braucht man sich aber im Allgemeinen keine Sorgen zu machen, dass es zu viel sein könnte, meist ist eher das Gegenteil der Fall. Für einen gesunden Hund sollten zwei Stunden täglich das Minimum sein. Außerdem ist darauf zu

Tägliche Sozialkontakte mit möglichst vielen verschiedenen Menschen müssen bei der Welpenaufzucht gewährleistet sein.

achten, dass der Hund mindestens dreimal täglich (besser öfter) die Möglichkeit hat sich zu lösen.

Hunde sind ausgesprochen lauffreudige Tiere. Dies gilt auch für kleine Hunde. Neben der Befriedigung des Bewegungsdranges bietet ein Spaziergang dem Hund natürlich auch durch Kontakte mit Artgenossen und durch die Möglichkeit zu schnuppern viel Abwechslung.

Sich frei im Garten bewegen zu dürfen, bietet dem Hund keinen Ausgleich zu Spaziergängen, vor allem dann nicht, wenn sich der Hundehalter nicht mit ihm im Garten beschäftigt. Innerhalb des Gartens kennt der Hund jeden Winkel und neue Gerüche kommen selten hinzu. Der Garten wird schnell langweilig und es bürgern sich dann Unsitten ein, wie Passanten verbellen, Grabungen veranstalten und andere.

Der Geruchssinn

Die Riechleistung eines Hundes übersteigt die des Menschen um ein Vielfaches.

Zu schnuppern ist für Hunde wichtig, weil sie durch die Auswertung der verschiedenen Gerüche umfangreiche Informationen über ihre Umwelt sammeln können.

Besonders interessant sind für Hunde Urinmarken oder Kot von Artgenossen, denn durch bestimmte Geruchsstoffe in den Ausscheidungen werden Informationen von Hund zu Hund weitergegeben.

Uns Menschen mag diese Verhaltensweise, genau wie das Beriechen der Analregion oder der Geschlechtsorgane von Artgenossen bei Hundebegegnungen, manchmal etwas „unfein“ erscheinen; es handelt sich dabei aber um ein hundetypisches Verhalten.

Sein Platz

Hunde brauchen neben den oben angesprochenen Grundbedürfnissen im Haushalt nicht unbedingt Komfortbedingungen. Eine gemütliche Decke, nach Belieben auch eine Box, einen Korb oder einen anderen Platz sollte der Hund aber haben, um sich auch einmal dorthin zurückziehen zu können.

Wasser muss dem Hund immer leicht zugänglich sein und ihm in ausreichender Menge zur Verfügung stehen. Dies ist besonders wichtig, weil Hunde über das Hecheln viel Flüssigkeit verdunsten. Anders als wir Menschen regulieren sie auf diese Weise ihre Körpertemperatur, denn sie haben keine über den ganzen Körper verteilten Schweißdrüsen.

Körperpflege

Eine wichtige Pflegemaßnahme besteht darin, den Hund regelmäßig auf seine Gesundheit zu kontrollieren. Dies kann man an die Fellpflege anknüpfen, denn hierbei kann einem auffallen, wenn der Hund irgendwo eine Stelle hat, an der sich die Haut oder das Fell verändert, vielleicht durch Parasitenbefall, eine Verletzung oder auch durch eine innere Erkrankung. Jede Veränderung sollte ernst genommen und gegebenenfalls vom Tierarzt untersucht und behandelt werden.

Bei der **Fellpflege** sollte besonders bei den langhaarigen Hunden das Fell frei von verfilzten Stellen gehalten werden. Notfalls empfiehlt es sich, diese Stellen herauszuschneiden oder zu scheren – vor allem, wenn sich schon sehr viele Verknotungen gebildet haben. Es ist außerdem wichtig, dass keine Haare vor oder in die **Augen** hängen, weil ständige Reizungen der Hornhaut zu Entzündungen des Auges führen. Zusätzlich sind Hunde, die durch den Behang vor den Augen nicht richtig sehen können, häufig in ihrem Verhalten unsicher.

Auch die **Pfoten**, die **Ohren**, das **Maul** und die **Geschlechtsorgane** sollten regelmäßig kontrolliert werden, um Veränderungen, die auf eine Erkrankung hindeuten, so früh wie möglich zu entdecken. Weil Hunde uns nicht mitteilen können, wenn sie sich einmal nicht so wohl fühlen, ist es wichtig, auch das Verhalten zu beob-

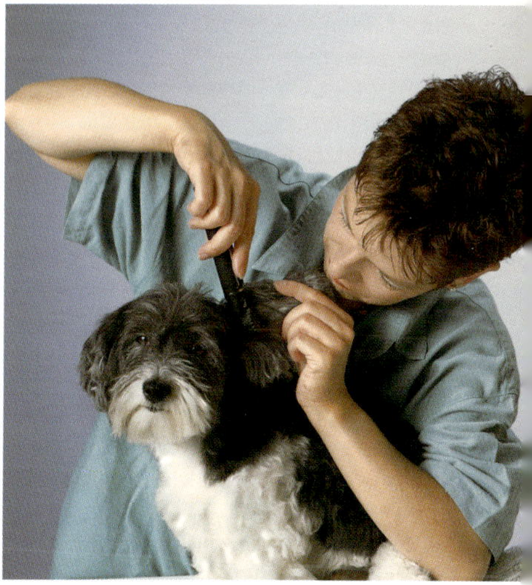

Durch regelmäßige Pflegemaßnahmen können Veränderungen frühzeitig erkannt werden.

achten. Wenn sich beispielsweise ein Hund, der früher kontaktfreudig war, mehr und mehr zurückzieht, sollte man Rat beim Tierarzt einholen.

Gesundheitsvorsorge

Wenn einmal Zweifel an der Gesundheit des Hundes bestehen, sollte man **Fieber messen**, denn manche Erkrankungen und Infektionen können fieberhaft verlaufen.

Die **Körpertemperatur** *bei einem erwachsenen Hund im After gemessen:*
- *normal: 38–38,8 °C.*
- *erhöhte Temperatur: bis 39,3 °C*
- *Fieber: über 39,3 °C.*

Welpen, Hunde kleiner Rassen und Hunde, die vor dem Fiebermessen getobt haben, trächtige Hündinnen oder sehr aufgeregte Kandidaten haben immer eine etwas höhere Temperatur. Zum Fiebermessen muss nur die Metallspitze des Thermometers in den After eingeführt und für eine gewisse Zeit dort gehalten werden. Man kann etwas Fett auf die Spitze des Thermometers auftragen, damit es beim Einführen besser gleitet und das Fiebermessen für den Hund nicht so unangenehm ist.

Zur gesundheitlichen Vorsorge des Hundes gehört auch, ihn **regelmäßig** (mindestens einmal im Jahr beim Impftermin) vom Tierarzt **untersuchen zu lassen**. Wenn man einen Hund neu bekommt oder einen Welpen bei sich aufgenommen hat, sollte man ihn sobald wie möglich beim Tierarzt vorstellen. Auf diese Weise bekommt der Hund eine Grunduntersuchung und der Tierarzt kann anhand des Impfpasses prüfen, wann die nächste Impfung ansteht und ob der Hund einen Mikrochip trägt. Falls die Herkunft und somit das letzte Entwurmungsdatum unbekannt ist, kann der Tierarzt gleich die nötigen Schritte einleiten. Es ist später viel wert, wenn sich Tierarzt und Hund früh begegnet sind. Hunde, die Tierarztpraxis und Tierarzt in einer entspannten Art und Weise kennen lernen, benehmen sich bei den Behandlungen besser. Das vereinfacht jegliche Untersuchung auch im späteren Leben des Hundes. Auch für den Tierarzt ist es hilfreich, wenn er den Hund schon gesund kennen gelernt hat. Er kann so den Schweregrad von Erkrankungen besser einschätzen.

Den Hund mit einem **ISO-Mikrochip kennzeichnen** zu lassen, ist in einigen Bundesländern je nach Größe oder Rasse des Hundes Pflicht. Der Mikrochip ermöglicht eine sichere Identifizierung des Tieres im In- und Ausland. Er wird mit einer speziellen Spritze an die linke Halsseite des Hundes unter die Haut gesetzt.

Jeder Hund sollte gegen Staupe, Hepatitis canis, Parvovirose und Leptospirose geimpft werden. Die Impfung gegen Tollwut ist wichtig, da immer noch viele Bezirke in Deutschland als „Tollwutgefährdeter Bezirk" gekennzeichnet sind. Tollwut ist eine Erkrankung, die auch für den Menschen tödlich ist. Impfungen gegen Zwingerhusten und Borreliose sind möglich und sollten in Gebieten erhöhten Infektionsdruckes nach Rat des Tierarztes ebenfalls vorgenommen werden.

Impfungen müssen jährlich aufgefrischt werden.

Je nach Infektionsdruck und nach Absprache mit dem Tierarzt sollte der Hund zwei bis vier Mal jährlich **entwurmt** werden. Ihr Tierarzt berät Sie auch bei der Frage, wie ein Befall mit Flöhen, Zecken, Milben und anderen **Parasiten** abgewehrt oder behandelt werden kann.

Schnittverletzungen an den Pfoten ziehen sich Hunde relativ schnell zu. Die Verletzungen sollten in jedem Fall behandelt werden. Größere Wunden müssen unter Umständen sogar chirurgisch vom Tierarzt versorgt werden.

Als weitere Erkrankungen, die fast jeder Hund einmal hat, sind **Erbrechen** oder **Durchfall** zu nennen. Bedenken Sie, dass dabei gar nicht diese Symptome selbst die eigentliche Gefährdung für den Hund darstellen, sondern der unnatürlich große Flüssigkeitsverlust. Achten Sie strikt darauf, dass ihr Hund, wenn er erbricht oder Durchfall hat, genug Flüssigkeit aufnimmt. Bieten Sie ihm häufig Wasser oder ganz leichten schwarzen Tee an, aber lassen Sie ihn immer nur kleine Mengen trinken. Wenn Ihr Hund das Wasser ablehnt, muss er dem Tierarzt vorgestellt werden. Bei einer heftigen Durchfallerkrankung kann ein Hund innerhalb von ein bis zwei Tagen austrocknen und an diesem Flüssigkeitsverlust sterben!

Sollte Ihr Hund beginnen aus dem Maul zu riechen oder häufig ungeformten und besonders übelriechenden Kot abzusetzen, kann es sein,

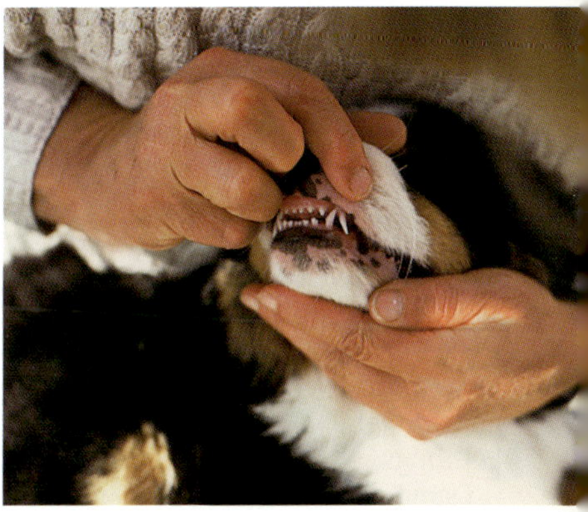

Das Dulden solcher Maßnahmen muss sorgfältig und schrittweise geübt werden.

dass ihm das Futter nicht optimal bekommt. Wenden Sie sich in diesen Fällen an Ihren Tierarzt. Bei schlechtem Atem ist mitunter auch Zahnstein die Ursache. Den **Zahnstein** kann der Tierarzt entfernen.

Auch wenn Sie feststellen, dass Ihr Hund sich mehr kratzt als früher, träge, launisch, aggressiv oder ängstlicher geworden ist, ist Ihr Tierarzt der richtige Ansprechpartner, denn für solche **Verhaltensveränderungen** gibt es immer eine Ursache. Diese herauszufinden ist Sache des Tierarztes.

Es ist allemal besser, einmal zu oft beim Tierarzt um Rat zu fragen, als einmal zu wenig oder zu spät!

Fütterung

Die Futtermenge, die Ihr Hund bekommt, sollte seinen Bedürfnissen entsprechen. Ein erwachsener Hund sollte weder zu- noch abnehmen. Achten Sie stets auf das Gewicht Ihres Hundes. Ideal ist es, den Hund schlank und agil zu halten, denn viele Hunde neigen dazu, mehr zu fressen als ihnen gut tut. Die Ernährung mit Fertigfutter ist praktisch und in den meisten Fällen auch in der Zusammensetzung ausgewogen. Mittlerweile gibt es für die jeweiligen Bedürfnisse spezielle Futtermittel (z.B. Welpen-, Junghund-, Senior-, Diät-, Leistungs- oder Allergikerfutter).

Damit der Hund, besonders wenn er einer großen Rasse angehört, nicht zu große Futtermengen auf einmal aufnimmt, empfiehlt es sich, die vorgesehene Ration mindestens auf zwei Portionen täglich aufzuteilen.

Denn besonders bei großen Rassen kann sich, bedingt durch die Magenfüllung, der Magen um sich selbst drehen. Dabei schnüren sich Mageneingang und -ausgang und bestimmte Blutgefäße zu. Diese so genannte **Magendrehung** wird zusätzlich durch Toben nach dem Fressen begünstigt. Sie ist eine lebensbedrohliche akute Notfallsituation. Der Hund muss sofort operiert werden.

Um die Gefahr einer Magendrehung klein zu halten, sollte der Hund nach der Mahlzeit nicht spielen und toben dürfen.

Weil Hunde nicht darauf angewiesen sind, pünktlich und zu bestimmten Tageszeiten zu fressen, kann man auch Futter als Bezahlung gegen gute Leistung verteilen. So erhält der Hund, indem man ihn über den Tag verteilt immer wieder ein paar kurze Übungen machen lässt, viel Beschäftigung und Abwechslung und fühlt sich besser in die Familie oder den Tagesablauf integriert.

Ein paar Daten zur Sexualität

Hündinnen werden normalerweise zweimal im Jahr läufig. Die **Läufigkeit** (Hitze) dauert im Durchschnitt drei Wochen. Anzeichen der Läufigkeit sind, dass die Scheide anschwillt und die Hündin ein zunächst blutiges, später klares Sekret aus der Scheide absondert. Dieses Sekret enthält Duftstoffe. Rüden werden hierdurch angelockt. Zu Beginn der Läufigkeit lässt sich die Hündin aber noch nicht decken, sondern beißt die Rüden weg. Erst um den 11. bis 13. Tag herum beginnt die fruchtbare Zeit. Bei einzelnen Hündinnen kann diese Phase aber auch schon früher beginnen oder sich länger als drei Tage hinziehen. Man spricht davon, dass die Hündin während dieser Zeit „steht".

Der **Deckakt** bei Hunden dauert zwischen fünf und über dreißig Minuten. Während dieser Zeit sind Rüde und Hündin nicht voneinander zu trennen.

Trennungsversuche von Hündin und Rüde während des Deckaktes führen zu schweren Verletzungen der Tiere!

Während des Deckaktes steigt zwar der Rüde nach einiger Zeit von der Hündin ab, dennoch sind beide über den Penis miteinander verbunden – sie „hängen". Erst wenn der Schwellkörper des Rüden abgeschwollen ist, trennen sich die Tiere wieder. Auch für den Fall einer ungewollten Bedeckung bleibt einem in dieser Situation nichts als abzuwarten und sofort danach in Ruhe mit dem Tierarzt zu beraten, ob die Hündin Welpen bekommen oder ob durch Hormonspritzen eine Abtreibung eingeleitet werden soll.

Geschlechtsreife

Rüden sind nach dem Eintritt der Geschlechtsreife ganzjährig zeugungsfähig. Die Geschlechtsreife bei Rüden setzt bei kleinen Rassen mitunter schon mit fünf Monaten ein. **Hündinnen** sind ab der ersten Läufigkeit geschlechtsreif. Erstmals läufig werden sie meist zwischen dem 7. und 11. Lebensmonat. Auch in dieser ersten Läufigkeit kann eine Hündin schon erfolgreich gedeckt werden.

Weil die Hündin zu diesem Zeitpunkt allerdings körperlich noch nicht ausgewachsen ist, ist dringend davon abzuraten, die Hündin schon in der ersten Hitze decken zu lassen.

Welpen unerwünscht

Wenn man keine Welpen möchte, muss man in der Zeit, in der die Hündin „steht", gut aufpassen, denn Rüden und Hündinnen wenden nicht selten raffinierte Tricks an, um zueinander zu kommen. Hierbei legen sie mitunter auch größere Distanzen zurück.

Man kann sowohl Hündinnen als auch Rüden **kastrieren**, um sie durch Entfernen der Keimdrüsen zeugungsunfähig zu machen. Man entfernt dazu bei Rüden die Hoden, bei Hündinnen die Eierstöcke und eventuell die Gebärmutter.

Bei der **Sterilisation** werden die Keimdrüsen nicht entfernt, sondern nur Samenleiter oder Eileiter durchtrennt. Dabei verlieren die Tiere ihr normales Sexualverhalten mit all seinen typischen Erscheinungen nicht, denn in den normalen Hormonrhythmus wird nicht eingegriffen. Allerdings bleiben Deckakte unfruchtbar.

Bei Hündinnen kann man die Läufigkeit auch mit Hormongaben unterdrücken, allerdings hat dies eine Reihe von teilweise gravierenden Nebenwirkungen. Auch bei Rüden ist eine Beeinflussung des Sexualverhaltens mit Hormonen möglich. Die Vor- und Nachteile sollten allerdings eingehend mit dem Tierarzt diskutiert werden.

Der Hund in der Öffentlichkeit

Die Hundehaltung löst immer wieder Diskussionen zwischen Hundefreunden und Hundegegnern aus. Die einen möchten ihren Hund möglichst unbeschwert überall mit hinnehmen können, die anderen möchten am liebsten überhaupt keinen Hund mehr sehen, vor allem nicht in der Stadt. Dazwischen gibt es alle möglichen Übergangsformen in der Einstellung Hunden gegenüber.

Weiterhin gibt es nicht von der Hand zu weisende Probleme durch Verschmutzungen mit Hundekot und auch Beißvorfälle erregen Aufsehen. Jeder Beißvorfall, bei dem ein Mensch verletzt wird, ist selbstverständlich einer zuviel. Hier muss sich jeder einzelne Hundehalter klar machen, dass aggressives Verhalten zum Normalverhalten des Hundes dazugehört. Der Hundehalter sollte deshalb vorausschauend handeln und sorgfältig eine gute Kontrolle über den Hund aufbauen.

Unterwegs

Niemand sollte sich in der Öffentlichkeit von einem Hund belästigt oder bedroht fühlen. Ein häufiger Grund für Ärgernisse ist das **Anspringen**. Selbst ein freundliches Anspringen zum Hallo-sagen findet bei fremden Menschen kein Verständnis, denn die Kleidung kann beschmutzt werden oder die Person kann sogar stürzen.

Gestatten Sie es Ihrem Hund auch zu Hause nicht, dass er an Personen hochspringt.

Bei Begegnungen und dem Zusammensein von **Kindern** und Hunden muss immer ein Erwachsener das Treiben überwachen, um jederzeit eingreifen zu können. Hunde und Kinder haben einfach zwei verschiedene Sprachen. Sowohl Hunde als auch Kinder können sich plötzlich voreinander erschrecken und sich sogar bedroht fühlen. Es wäre schade, wenn Ihr Hund plötzlich nichts mehr mit Kindern zu tun haben möchte, nur weil er eine aus seiner Sicht unangenehme Situation erlebt hat.

Fühlt sich ein Hund von einem Kind bedroht, reagiert er darauf im Rahmen seines arteigenen Sozialverhaltens. Weil das Kind warnende Signale nicht versteht, kann es sein, dass der Hund deutlicher durchgreift. Die meisten Bissverletzungen bei Kindern entstehen durch den eigenen oder einen gut befreundeten Nachbarshund. Das liegt nicht daran, dass der entsprechende Hund bösartig wäre, er kann sich aber nur wie ein Hund verhalten.

Nachjagen hinter Joggern, Fahrradfahrern oder Inline-Skatern sowie allen schnell beweglichen Objekten ist eine besondere Verlockung für Hunde. Selbst wenn dabei nichts passiert, für den betroffenen Menschen ist die

Situation sehr unangenehm. Ein hinterhergerufenes „Der tut nichts!" entschärft die Lage keinesfalls. Zum einen kann das niemand wirklich garantieren, und belästigt fühlt sich der Betroffene allemal.

Was für einen Hundefreund sicherlich am schwersten nachvollziehbar ist, ist die Tatsache, dass es Menschen gibt, die einfach **Angst vor Hunden** haben. Solche Menschen können schon bei der bloßen Vorstellung, einen Hund in der Nähe zu haben, in panische Angst verfallen. Das sollte man respektieren und seinen Hund immer festhalten, wenn eine Person entgegenkommt, die ängstlich wirkt oder sogar sagt, dass sie Angst hat.

Im **Straßenverkehr** sollten Sie bedenken, dass andere Verkehrsteilnehmer durch einen frei laufenden Hund verunsichert werden können. Auch ein „straßensicherer" Hund kann einen Unfall verursachen oder selbst von einem Auto überfahren werden.

Bei Begegnungen mit **Reitern** sollte man seinen Hund grundsätzlich unter Kontrolle nehmen, weil manche Pferde auch bei ruhigen und freundlichen Hunden ängstlich reagieren und dadurch Unfälle passieren können.

Wenn Sie einem Blinden mit **Führhund** *oder einem Rollstuhlfahrer mit* **Behindertenbegleithund** *begegnen, halten Sie bitte mit Ihrem Hund ausreichend Abstand. Diese arbeitenden Hunde müssen genug Ablenkungen widerstehen, zusätzliche Verleitungen sollte man vermeiden. Es kann sonst zu gefährlichen Situationen für die behinderten Menschen kommen.*

Hundebegegnungen auf der Straße gehören zum Alltag jeden Hundebesitzers. **An der Leine** reagieren viele Hunde häufig aggressiver als gewöhnlich, weil sie sich nicht mehr so bewegen können wie es der Sozialkontakt erfordert.

Passen Sie unbedingt auf, dass sich niemals die Leinen von zwei Hunden verheddern, weder bei den besten Spielkumpeln noch bei fremden Hunden. Ungewollt aneinandergekettet zu sein, führt zu Unsicherheit auf beiden Seiten. Die Hunde kommen nicht mehr voneinander los, wie es in der Situation angemessen wäre. Die Folge kann eine Beißerei mit schweren Verletzungen auf beiden Seiten sein.

Aber auch bei Begegnungen **frei laufender** Hunde kann es zu einer angespannten oder kritischen Situation kommen. In aller Regel wird diese entschärft durch ruhiges, zügiges Weitergehen beider Besitzer in entgegengesetzter Richtung.

Kommt es zu einer **Rauferei** *unter Hunden, ist es am besten, wenn beide Besitzer in* **entgegengesetzte Richtungen weggehen**. *Lassen Sie die Hunde die Sache untereinander klären. Jegliches Eingreifen führt nur zu einer Verschärfung der Situation. Die Hunde fühlen sich angefeuert oder werden in ihrer Auseinandersetzung derartig gestört, dass dadurch Verletzungen entstehen. Ein Eingreifen schadet nicht nur den Hunden, sondern birgt auch ein großes Verletzungsrisiko für den Menschen.*

Jeder Hundebesitzer, der seinen Hund festhält, hat dafür einen

Hochspringen oder gar Anklammern ist absolut kein gutes Benehmen.

„Goldi" lernt ruhig und entspannt sitzen zu bleiben, egal wer vorbeigeht. Ein Halti erleichtert dem Besitzer die Kontrolle.

Kontrolliertes Aussteigen aus dem Auto muss gelernt und geübt werden.

Grund. Stellen Sie sich vor, Sie gehen gerade mit Ihrem frisch operierten Hund kurz zum Erledigen seines Geschäfts nach draußen. Und plötzlich kommt ein großer Hund auf Ihren zugestürzt und der Besitzer erklärt dabei von Ferne, dass sein Hund nichts tue und nur spielen wolle. Das hilft in diesem Moment absolut nicht weiter.

Klären Sie immer erst, ob der andere Hundebesitzer Kontakt zwischen den Hunden wünscht oder nicht.

Ein weiterer Grund, warum ein Kontakt nicht erwünscht sein kann, ist die **Läufigkeit** einer Hündin. Über die gesamte Dauer sollte man in Gegenden spazieren gehen, in denen möglichst wenige Hunde anzutreffen sind. Die Hündin setzt während der Läufigkeit häufig Harnmarkierungen ab, um Rüden auf sich aufmerksam zu machen. Das Resultat sind Rüden, die die Angebetete verfolgen und ihre Wohnung belagern. Das liegt weder im Interesse des Besitzers der Hündin noch des Rüden. Zu beachten ist auch, dass manche Hündinnen sich während der Läufigkeit mit vermeintlichen Konkurrentinnen messen wollen und dann aggressiver als gewöhnlich reagieren. Alle gute Erziehung kann plötzlich vergessen sein, wenn sich für die Hündin die Gelegenheit bietet, mit einem Liebhaber durchzubrennen. Halten Sie daher Ihre liebeshungrige Dame oder Ihren verliebten Kavalier am besten an der Leine.

Hundekot an Stellen wo sich Menschen in der Öffentlichkeit aufhalten, ist wohl das größte Ärgernis im Zusammenhang mit der Haltung von Hunden. Keiner tritt gerne in einen Hundehaufen. Bei kleinen Kindern ist es besonders eklig, wenn sie in einen Hundehaufen fallen. Und kleine Kinder fallen oft hin!

Tragen Sie dazu bei, dass nicht soviel Hundekot liegen bleibt und sammeln Sie die Hinterlassenschaften Ihres Hundes in der Stadt auf. Die Entrichtung der Hundesteuer befreit nicht von dieser Pflicht.

Konflikte vermeiden

Als verantwortungsbewusster Hundehalter und vor allem als Hundefreund sollten Sie generell versuchen, Konflikte zu vermeiden. Freuen Sie sich statt dessen, wenn andere Menschen Interesse an Ihrem Hund zeigen und vielleicht Fragen stellen. Die beste Werbung ist Ihr gut erzogener, freundlicher Hund, der niemandem auffällt. Wenn Sie Ihren Hund mit in ein Restaurant nehmen und beim Verlassen sind alle erstaunt, wo der Hund plötzlich herkommt, dann hinterlässt das einen besonders guten Eindruck. Wenn Sie als Hundehalter rücksichtsvoll und aufgeschlossen mit Ihren Mitmenschen umgehen, werden diese Ihnen auch offener begegnen.

Hund und Recht

Für Hundebesitzer wäre es sehr praktisch, wenn es ein einziges „Hundegesetz" gäbe, in dem man alle Vorschriften finden könnte. Aber dem ist leider nicht so. In Deutschland werden Gesetze und Verordnungen einerseits von der Bundesregierung erlassen, andererseits von den einzelnen Ländern und zusätzlich haben auch die Gemeinden und Kommunen die Möglichkeit zu eigenen Regeln. Daher hat jedes Bundesland eigene Hundeverordnungen und jede Stadt oder Kommune eigene Vorschriften, die den Hundehalter betreffen können, von Hausordnungen und ähnlichen Regelungen ganz zu schweigen.

So ist z.B. die **Leinenpflicht** besonders verwirrend. Sie wird sowohl durch Gesetze des Bundes, der Länder und der Kommunen geregelt. Sie ist unter anderem abhängig von der Umgebung, also davon, ob man sich in einem Naturschutzgebiet, einer Kleingartenkolonie oder einem anderen definierten Gebiet bewegt.

Grundsätzlich ist ein Gesetz immer einer Verordnung übergeordnet. Weiterhin haben bundesweit geltende Bestimmungen die höhere Gewichtung. Länder können nur in dem Umfang Vorschriften erlassen, wie es vom Bund vorgegeben ist. Die beste Möglichkeit ist, sich gezielt die Informationen zu holen, die am Wohnort gelten, und im Not/-Streitfall möglichst früh fachkundigen Rat einzuholen.

Aus den verschiedenen Rechtsgebieten sind nachfolgend einige Inhalte aufgeführt, die für Hundehalter wichtig sein können. Keines der Rechtsgebiete kann hier jedoch vollständig behandelt werden. Dazu gibt es Spezialliteratur (siehe Anhang S. 118).

Tierschutzrecht

„Der Zweck dieses Gesetzes ist es, aus der Verantwortung des Menschen für das Tier als Mitgeschöpf dessen Leben und Wohlbefinden zu schützen. Niemand darf einem Tier ohne vernünftigen Grund Schmerzen, Leiden oder Schäden zufügen." (§ 1 TierSchG)

Jeder Tierhalter muss die erforderlichen Fähigkeiten und Kenntnisse haben, um ein Tier seinen Bedürfnissen entsprechend ernähren, pflegen, bewegen und verhaltensgerecht unterbringen zu können. Einem Tier dürfen auch bei der Ausbildung keine erheblichen Leiden, Schmerzen oder Schäden entstehen. Man darf sich eines Tieres nicht dadurch entledigen, dass man es aussetzt.

Das vollständige oder teilweise Amputieren von Körperteilen oder Organen ohne tierärztliche Notwendigkeit ist verboten. Ausgenommen hiervon sind unverständlicherweise jagdlich geführte Hunde, denen weiterhin der Schwanz kupiert werden darf. Eine

sinnvolle Ausnahme ist die Erlaubnis für Kastrationen.

Tierseuchenrecht

Dieses Gesetz regelt die Bekämpfung von Seuchen, die Haustiere betreffen. Hierunter fällt unter anderem die Tollwut.

Tierschutz-Hundeverordnung

Diese Verordnung ersetzt die Verordnung über das Halten von Hunden im Freien und enthält darüber hinaus noch Vorschriften für das Halten von Hunden in Räumen, das Züchten von Hunden, die Definition einer Aggressionssteigerung und das Ausstellungsverbot für kupierte Hunde.

„Einem Hund ist ausreichend Auslauf im Freien außerhalb eines Zwingers oder einer Anbindehaltung sowie ausreichend Umgang mit der Betreuungsperson zu gewähren. Auslauf und Sozialkontakte sind der Rasse, dem Alter und dem Gesundheitszustand des Hundes anzupassen.“

Falls es sich um einen einzeln gehaltenen Hund handelt, muss er täglich mehrmals die Möglichkeit zu einem länger dauernden Umgang mit Betreuungspersonen haben, um seinem Gemeinschaftsbedürfnis gerecht zu werden.

Die Haltung im Freien ist nur im Zwinger oder in Form einer Anbindehaltung an einer Laufvorrichtung zulässig. Kettenhaltung ist grundsätzlich verboten. Der Hund muss eine Schutzhütte aufsuchen können und zusätzlich einen witterungsgeschützten, schattigen Liegeplatz mit wärmegedämmten Boden haben. Ein Zwinger muss für einen Hund mit 50–65 cm Widerristhöhe mindestens 8 m^2 groß sein, für noch grössere Hunde mindestens 10m^2. Eine Laufvorrichtung muss mindestens 6 m lang sein und einen seitlichen Bewegungsspielraum von mindestens 5 m haben. Sie muss zweimal täglich kontrolliert werden, ein Zwinger einmal täglich. Der Kot muss täglich entfernt und vorhandene Mängel unverzüglich behoben werden.

Diese Verordnung, die vom 1. September 2001 an gilt, schreibt nun genauer vor, welche Anforderungen zur Haltung von Hunden erfüllt sein müssen.

Tollwutverordnung

Wenn ein Hund unter Tollwutverdacht steht oder Kontakt mit einem tollwutkranken Tier hatte, muss er sofort getötet werden, sofern er keinen nachweislich wirksamen Impfschutz besitzt. Es gibt nur spezielle Ausnahmen von dieser Tötungspflicht. Ein geimpfter Hund braucht lediglich behördlich beobachtet und erneut geimpft zu werden. Die Maßnahmen zur Bekämpfung der Tollwut sind deshalb so drastisch, weil die Tollwut auch beim Menschen immer tödlich verläuft. Es ist also dringend notwendig, seinen Hund regelmäßig gegen Tollwut impfen zu lassen. Ein nachweislich wirksamer Impfschutz besteht dann, wenn die Grundimmunisierung mindestens 30 Tage und die Auffrischungsimpfung höchstens 12 Monate alt ist. In tollwutgefährdeten Gebieten dürfen Hunde nur dann frei laufen gelassen werden, wenn sie geimpft sind und von einer Person begleitet werden, der sie zuverlässig gehorchen.

Grundsätzlich müssen Hunde außerhalb der Wohnung und sicher eingezäunter Grundstücke ein Halsband oder ähnliches mit einer Steuermarke oder mit dem Namen und der Anschrift ihres Besitzers tragen.

Gesetz zur Bekämpfung gefährlicher Hunde

Dieses Gesetz umfasst das "Gesetz zur Beschränkung des Verbringens oder der Einfuhr gefährlicher Hunde in das Inland" und die dafür notwendigen Änderungen im Tierschutzgesetz und im Strafgesetzbuch.
Als gefährliche Hunde gelten Pitbull-Terrier, American Staffordshire-Terrier, Staffordshire-Bullterrier, Bullterrier und Kreuzungen dieser Rassen sowie die Hunde, die das jeweilige Bundesland als gefährlich bestimmt hat.
Alle Hunde, für die nach den Vorschriften des Landes, in dem sie ständig gehalten werden sollen, eine Gefährlichkeit vermutet wird, dürfen nicht aus dem Ausland eingeführt werden. Bei der Durchsetzung dieser Bestimmungen sind alle Personen dazu verpflichtet, die notwendigen Untersuchungen in jeder Hinsicht zu unterstützen. Von der zuständigen Behörde beauftragte Personen dürfen sogar zur Verhütung dringender Gefahren für die öffentliche Sicherheit und Ordnung Grundstücke, Geschäftsräume, Wirtschaftsgebäude, Transportmittel und Wohnräume des Auskunftplichtigen betreten. Das Grundrecht der Unverletzlichkeit der Wohnung (Artikel 13 des Grundgesetzes) wurde in diesem Punkt eingeschränkt.
Durch dieses Gesetz werden die Hundeverordnungen der einzelnen Bundesländer unterstützt.

Verordnung über Ausnahmen zum Verbringungs- und Einfuhrverbot von gefährlichen Hunden in das Inland

Nach dem Gesetz zur Bekämpfung gefährlicher Hunde wurde diese Verordnung zur Regelung von Ausnahmen aus dem Gesetz erlassen. Einige gefährliche Hunde dürfen unter Mitführung und gegebenenfalls Vorlage bestimmter amtlicher Bescheinigungen ins Inland eingeführt werden. Hierzu zählen Diensthunde, Blindenhunde, Behindertenbegleithunde und Hunde des Katastrophen- und Rettungsschutzes.
Auch Urlaubsreisende finden in dieser Verordnung Beachtung. So dürfen Hunde, die in ihrem Bundesland berechtigt gehalten werden, nach der Urlaubsreise wieder eingeführt werden. Genauso dürfen Hunde aus dem Ausland nach Deutschland mitgenommen werden. Allerdings brauchen diese Hunde sogar noch eine amtliche Bescheinigung, dass sie bisher noch nicht als gefährlich aufgefallen sind.

Weiterhin muss eine Bescheinigung der Zollbehörden mit dem Einfuhrdatum mitgeführt werden, so dass überprüft werden kann, wie lange sich der jeweilige Hund bereits im Inland aufhält. Soll der Hund nämlich länger als vier Wochen in Deutschland bleiben, muss dafür ein gesonderter Antrag gestellt werden. Dauerhaft dürfen gefährliche Hunde nur ins Inland eingeführt werden, wenn sie in ihrem Bestimmungland berechtigt gehalten werden dürfen.

"Hundeverordnungen"

Die einzelnen Bundesländer haben Rechtsvorschriften erlassen, die das Halten und Führen von Hunden regeln. Darunter fallen auch die Regelung von Einfuhrmöglichkeit, Mitnahmeverboten und Leinenpflicht. Es wird festgelegt, welche Hunde als gefährlich anzusehen sind und wie sie gehalten werden dürfen oder müssen.

Straßenverkehrsordnung

Es ist verboten, die Straße zu beschmutzen oder zu benetzen oder Gegenstände auf die Straße zu bringen und dort zu lassen, wenn dadurch der Verkehr gefährdet oder erschwert werden kann. Dies gilt auch für Hundekot. Derjenige, der für solche verkehrswidrigen Zustände verantwortlich ist, hat sie unverzüglich zu beseitigen. Gemäß der Straßenverkehrsordnung sind Tiere, die den Verkehr gefährden können, von der Straße fernzuhalten. Sie sind nur zugelassen, wenn sie von geeigneten Personen begleitet sind, die ausreichend auf sie einwirken können.

Es ist verboten, Tiere von Kraftfahrzeugen aus zu führen. Von Fahrrädern aus dürfen nur Hunde geführt werden. Wird ein Unfall durch ein Tier verursacht, haftet der Tierhalter genauso wie ein Fahrzeughalter, durch dessen Fahrzeug ein Unfall verursacht wurde. Lasten und auch Tiere müssen so verstaut werden, dass die sichere Fahrzeugbeherrschung nicht beeinträchtigt wird. So kann z. B. die Beförderung eines Hundes im Fußraum des Beifahrers ohne Sicherungsmaßnahmen als grobe Fahrlässigkeit bewertet werden.

Abfallgesetz

Hundekot ist Abfall. Zur Wahrung des Wohls der Allgemeinheit ist der Hundebesitzer zu einer geordneten Entsorgung dieses Abfalls verpflichtet.

Hundesteuer

Die Kommunen sind per Gesetz der jeweiligen Bundesländer befugt, die Hundesteuer festzusetzen. Die Höhe der Hundesteuer obliegt der willkürlichen Festlegung der einzelnen Kommunen. Ein Hundehalter ist verpflichtet, die Haltung eines Hundes anzuzeigen und die Hundesteuer zu entrichten. Bei einer Nichtbeachtung dieser Pflicht ist der Tatbestand der Steuerhinterziehung erfüllt.

Strafrecht

Einer begangenen Straftat folgt eine gerichtliche Bestrafung, die auch als Freiheitsstrafe ausgesprochen werden kann. Es gibt eine Unterscheidung zwischen einer vorsätzlichen und einer fahrlässigen Straftat. Der Vorsatz ist das absichtliche Begehen der Straftat. Bei der Fahrlässigkeit ist der Täter seinen Sorgfaltspflichten nicht nachgekommen. Wenn ein Hundehalter weiß, dass sein Hund Menschen beißt, kann er wegen fahrlässiger Körperverletzung schuldig werden. Ein Hundehalter, der seinen bissigen Hund absichtlich auf einen Menschen hetzt, macht sich hingegen der vorsätzlichen Körperverletzung schuldig.

Das Nichtbeseitigen von Hundekot von Spielplätzen, Liegewiesen oder Ähnlichem kann deshalb als fahrlässige Straftat verfolgt werden, weil Keime und Wurmeier im Hundekot bei Menschen und Tieren „gemeingefährliche und übertragbare Krankheiten" verursachen können.

Ordnungswidrigkeitenrecht

Das Ordnungswidrigkeitenrecht befasst sich mit Verstößen gegen bestehende Rechtsvorschriften, die nicht unter das Strafgesetz fallen. Eine Ordnungswidrigkeit wird im Gegensatz zu einer Straftat nur mit Geldbußen geahndet. Im Ordnungswidrigkeitenrecht gibt es eine besondere Regelung über das Halten gefährlicher Tiere. Als gefährlich wird ein Tier einer wild lebenden Art oder ein bösartiges Tier bezeichnet. Ein solches Tier darf man nicht frei laufen lassen. Weiterhin muss ein Verantwortlicher für die Beaufsichtigung eines solchen Tieres die nötigen Vorsichtsmaßnahmen ergreifen, um Schäden durch das Tier zu verhüten.

Zivilrecht

Im Bürgerlichen Gesetzbuch sind Bestimmungen zu finden, die bei wesentlichen Lärm- und Geruchsbelästigungen und der Ablage von Kot durch Tiere Anwendung finden. Das Eindringen eines Tieres auf ein fremdes Grundstück fällt unter den Bereich der Eigentums- bzw. Besitzstörung. Der Mietvertrag ist im Bürgerlichen Gesetzbuch definiert, dabei wird aber nicht auf die **Tierhaltung in Mietwohnungen** eingegangen.fern im Mietvertrag nichts Gegenteiliges steht, kann der Mieter davon ausgehen, dass er einen Hund halten darf, solange andere Mietparteien nicht erheblich belästigt werden. In der Regel steht in den gängigen Mietverträgen, dass eine Hundehaltung nur nach Genehmigung des Vermieters erfolgen darf. Demnach ist der Mieter verpflichtet, die Genehmigung für die Hundehaltung bei dem Vermieter einzuholen. Wenn bereits anderen Mietparteien die Hundehaltung erlaubt wurde, kann sie einem einzelnen Mieter nicht mehr ohne sachliche Gründe verboten werden. Hat ein Vermieter über einen längeren Zeitraum die Tierhaltung geduldet, entspricht das einer stillschweigenden Genehmigung. Allerdings kann der Vermieter eine Abschaffung des Tieres wegen sachlicher Gründe verlangen, wie z. B. bei Belästigung oder Gefährdung der anderen Mieter.

Grundsätzlich haftet ein Tierhalter für die Schäden, die sein Tier verursacht. Wenn sich jemand bewusst einer Gefahr aussetzt, kann das zu einer Minderung der **Haftung** führen. Jemand, der einen fremden Hund streichelt, setzt sich absichtlich einer Gefährdung durch den Hund aus. Tritt in solch einer Situation tatsächlich ein Schaden auf, kann es sein, dass der Hundebesitzer nicht vollständig dafür aufkommen muss. Noch größer sind die Auswirkungen, wenn jemand versucht, raufende Hunde zu trennen. Die Gefahr, dabei gebissen zu werden, ist besonders groß und in der Regel vermeidbar, weil man sich nicht in die Rauferei einzumischen braucht. Mischt man sich dennoch ein, kann sogar die Verpflichtung zum Schadensersatz durch den Besitzer des Hundes, der zugebissen hat, ganz entfallen. Wenn aus einem so entstandenen Hundebiss gar eine Berufsunfähigkeit resultiert, sind die Folgen für die betreffende Person besonders gravierend.

Letzten Endes muss jeder Hundebesitzer für alles, was sein Hund tut oder verursacht, gerade stehen. Daher ist es ratsam, eine Hundehalter-Haftpflichtversicherung abzuschließen.

Bei **Autofahrten** ist eine sichere Unterbringung des Hundes sehr wichtig. Solch eine Maßnahme schützt den Hund und die Autoinsassen, weil der Hund bei einem Unfall als gefährliches Geschoss durchs Auto fliegen kann. Beim Fahren sollte es einem Hund nicht möglich sein, auf den Schoß des Fahrers und in die Nähe der Pedale und der Schaltung zu kommen. So können Ablenkung und gefährliche Behinderungen bei der Fahrzeugführung vermieden werden.
Ist ein Hund nicht fachgerecht im Wagen untergebracht, kann es im Falle eines Unfalls zu Problemen mit Versicherungen kommen. Fest installierte Gitter zwischen Fahrgastzelle und Kofferraum, eine sicher befestigte Transportbox oder ein TÜV-geprüfter Anschnallgurt für Hunde auf dem Sitz gelten als fachgerechte Sicherungen während der Fahrt.

Reisen mit der Bahn – *Zug fahrende Hunde müssen angeleint sein und einen geeigneten Maulkorb tragen. Nur Blindenführhunde sind von der Maulkorbpflicht befreit.*
Ausnahmen gibt es für Hunde, die höchstens so groß wie eine Katze sein dürfen und in einem Transportbehälter transportiert werden.
Die Bahn darf als privates Unternehmen diese Regelungen aufstellen.

Fragenkatalog

zur theoretischen Prüfung des Hundehalters

Die farbigen Knochen neben den Fragennummern führen Sie:

Wenn Sie wissen wollen, wo Sie die theoretischen Grundlagen finden, die Sie brauchen, um die Fragen richtig beantworten zu können, dann lesen Sie im ersten Teil des Buches in dem Kapitel nach, das mit der gleichen Farbe gekennzeichnet ist wie der Knochen. Mehrere Knochen hinter einer Nummer bedeuten, dass Sie sich alle Kapitel der entsprechenden Farbe anschauen sollten.

1

Welches Tier ist der Urahn des heutigen Hundes?

A Der Goldschakal.
B Der Wolf.
C Der Kojote.
D Der Dingo.

2

Sind alle Hunde gleich oder gibt es rassetypische Eigenschaften?

A Alle Hunde sind gleich.
B Je nach Rasse weisen Hunde unterschiedliche Veranlagungen auf.
C Verschiedene Rassen unterscheiden sich nur durch ihr äußeres Erscheinungsbild.
D Rassetypische Eigenschaften gibt es nicht, aber anhand der Größe kann man eine Einteilung in „kinderfreundlich", „gefährlich", „leicht zu erziehen" etc. treffen.

3

Was ist die Grundveranlagung, die jeder Hund in sich trägt?

A Hunde sind Jagdraubtiere.
B Hunde sind für das Zusammenleben mit Menschen geschaffen worden. Sie sind völlig abhängig vom Menschen und können alleine nicht existieren, da sie sich keine Nahrung beschaffen könnten.
C Hunde sind soziale Rudeltiere und darauf ausgerichtet in einem Gruppenverband zu leben.
D Hunde sind Aasfresser und suchen deshalb ständig nach toten Tieren.

4

Welche Dinge sind vor der Anschaffung eines Hundes wichtig?

A Ist die Hundehaltung erlaubt?
B Habe ich die Möglichkeit, den Hund 12-15 Jahre lang sicher zu behalten und zu versorgen?

C Passt der ausgesuchte Hund von seiner Rasseveranlagung her tatsächlich zu meinem Lebensstil?
D Die Abstammung von hochprämierten Elterntieren.

5

Welche Überlegungen muss man anstellen, wenn man sich einen Hund anschaffen will?

A Der ausgewählte Hund sollte von seiner Rasseveranlagung her möglichst gut zu einem passen. Das Aussehen sollte hingegen nicht ausschlaggebend für die Entscheidung sein.
B Beim Zusammenleben mit einem Hund könnten Probleme auftreten. Habe ich dann die Geduld, Zeit und Kraft, mich darum zu kümmern?
C Werde ich auch in den nächsten 12-15 Jahren noch genug Zeit und Lust haben einen Hund zu halten?
D Habe ich ausreichend Geld für eine optimale Versorgung des Hundes, auch für medizinische Behandlungen?

6

Unter welchen Umständen sollte man davon absehen sich einen Hund anzuschaffen?

A Bei Berufstätigkeit, wenn der Hund mehr als sechs Stunden täglich alleine sein müsste.
B Wenn absehbar ist, dass sich Berufs- oder Lebenssituation ändern werden und nicht sicher ist, ob Hundehaltung dann noch möglich ist.
C Wenn man keinen Garten hat.
D Wenn man eine starke Allergie auf Hundehaare hat.

7

Welche Bedürfnisse des Hundes müssen bei artgerechter Haltung täglich ausreichend erfüllt werden?

A Der Hund muss ausreichend, d.h. mehrere Stunden täglich geistig und körperlich gefordert werden.
B Der Hund muss jeden Tag ausreichend lange und mehrmals täglich Sozialkontakte mit Menschen und Artgenossen haben.
C Der Hund muss täglich mindestens zwei Mahlzeiten erhalten.
E Der Hund sollte vorwiegend in einer Zwingeranlage mit gut isoliertem Boden gehalten werden.

8

Nennen Sie Punkte, die man mindestens erfüllen muss, um einen Hund artgerecht zu halten.

A Der Hund braucht täglich häufige Kontaktmöglichkeiten zu Menschen und/oder Hunden.
B Hunde brauchen jederzeit freien Zugang zu Wasser.
C Hunde brauchen ausreichend häufige (mind. dreimal täglich) und ausreichend lange (mind. zwei Stunden am Tag für einen gesunden Hund) Spaziergänge.
D Es muss gewährleistet sein, dass der Hund im Krankheitsfall medizinisch versorgt werden kann.

9

Welche Haltungsform ist wenig artgerecht und damit tierschutzrechtlich bedenklich?

A Die Haltung eines großen Hundes in einer kleinen Etagenwohnung.

B Einen Hund nicht täglich zu füttern.

C Ein Einzeltier in der Wohnung oder im Zwinger mehr als acht Stunden täglich alleine zu lassen.

D Einen gesunden Hund jeden Tag dreimal für jeweils 20 Minuten an einer kurzen Leine auszuführen.

10

Hat es Vorteile, mehr als einen Hund zu halten?

A Ja, denn die Hunde haben dann immer einen Sozialpartner – besonders wenn man berufstätig und mehrere Stunden am Tag außer Haus ist.

B Ja, denn die Hunde werden nicht fettleibig, weil sie den ganzen Tag miteinander spielen.

C Ja, Hunde führen, wenn sie zu mehreren gehalten werden, ein artgerechteres Leben – vorausgesetzt sie verstehen sich untereinander gut.

D Ja, der Hund, der als zweiter hinzukommt, lernt doppelt so schnell, denn er guckt sich alles Wesentliche von dem anderen Hund ab.

11

Gibt es Nachteile, wenn man mehr als einen Hund hält?

A Ja, man muss doppelt so oft spazieren gehen.

B Ja, man muss doppelt so viel Erziehungsarbeit leisten.

C Ja, man muss doppelte Kosten für Futter, Tierarzt, Hundesteuer, Versicherung, Ausstattung usw. tragen.

D Ja, die Hunde können sich zusammen schneller in unerwünschte Verhaltensweisen hineinsteigern.

12

Gehört es für einen Hund zu den vom Wolf ererbten Verhaltensweisen, längere Zeit allein zu bleiben?

A Ja, auch Wölfe lassen immer ein Tier allein zurück, wenn sie jagen gehen.

B Nein, Wölfe können nur im Rudel überleben und lassen niemals ein Tier der Gruppe allein zurück.

C Vom Wolf ererbte Verhaltensweisen spielen für unsere Hunde nach der langen Domestikation keine Rolle mehr.

D Alleinbleiben ist keine ererbte Verhaltensweise.

13

Ist die so genannte Beißhemmung angeboren?

A Nein, die Beißhemmung muss im Welpenalter durch das Spiel mit Gleichaltrigen und mit dem Menschen erlernt werden.

B Ja, sonst würden Welpen ihre Geschwister zu sehr verletzen.

C Ja, sonst würden sie ihre Besitzer beißen.

D Ja, allerdings gibt es Rassen, die diese Hemmung nicht haben.

14

Was sind typische Jagdverhaltensweisen?

A Knurren.
B Hetzen.
C Schütteln der Beute.
D Anschleichen und Vorstehen.

15

Bis zu welchem Alter bezeichnet man Hunde als „Welpen"?

A Bis zu einem Jahr.
B Von Geburt an bis zum Abschluss der Sozialisation, also ca. bis zum Abschluss des 3. bis 4. Lebensmonats.
C Bis zur Geschlechtsreife.
D Bis sie nicht mehr gesäugt werden.

16

Welche Auswirkung hat häufige und lange Zwingerhaltung auf die Wesensentwicklung des Welpen?

A So lernt der Hund gut alleine zu bleiben.
B Defizite im Sozialverhalten gegenüber Menschen und Artgenossen.
C Probleme im Bereich des häuslichen Sauberkeitstrainings.
D Die gesundheitliche Widerstandskraft ist größer.

17

Woran erkennen Sie eine empfehlenswerte Welpenspielgruppe?

A Es dürfen Hunde verschiedener Rassen teilnehmen.
B Der Trainer bestraft einen Welpen sofort, wenn er aggressives Verhalten zeigt, denn die Hunde sollen eine gute Sozialverträglichkeit lernen.
C Es dürfen nur gesunde Hunde bis max. zur 20. Woche teilnehmen.
D Den Welpen werden viele verschiedene Reizsituationen geboten, damit sie „umweltsicher" werden.

18

Ist es schlimm, wenn der Hund im Welpenalter schon mit vielen Reizsituationen konfrontiert wird?

A Nein, denn die im Welpenalter gemachten Erfahrungen haben prägenden Charakter. Hunde, die als Welpen in positiver Weise viele Reizsituationen erleben konnten, sind später selbstsicherer.
B Ja, denn Welpen sind noch nicht so aufnahmefähig und sollten möglichst die ersten fünf Monate geschont werden.
C Nein, denn ausreichende Erfahrungen im Welpenalter sind für eine optimale Entwicklung des Gehirns ausschlaggebend.
D Ja, denn die Hunde, die als Welpen viel kennen gelernt haben, sind nervöser und aktiver und deshalb schwerer zu halten.

19

Ist es für die Entwicklung des Welpen sehr wichtig, ob er in seinen ersten Lebenswochen zahlreiche Außenreize kennen lernt?

A Ja, denn je mehr Reize der Welpe kennen lernt, desto mehr Verknüpfungen der Nervenbahnen werden in seinem Gehirn angelegt.

B Ja, denn vielfältige Reizsituationen geben dem Welpen Selbstvertrauen und Sicherheit im Umgang mit neuen Situationen.

C Nein, denn ein Welpe kann noch gar keine Reize verarbeiten.

D Nein, denn die Entwicklung des Gehirns hängt nicht vom Angebot verschiedener Reize ab, sondern geschieht automatisch.

20

Welche Erfahrungen sind für ein reibungsloses Zusammenleben in der menschlichen Gesellschaft für einen Welpen wichtig?

A Er sollte in positiven Begegnungen viele verschiedene Menschen (von Babys bis zu alten Menschen) kennen lernen.

B Fahrten mit öffentlichen Verkehrsmitteln und Teilnahme am turbulenten Straßenverkehr.

C Welpen sollten möglichst viel im heimischen Bereich gehalten werden, damit sie nicht überfordert werden.

D Aufenthalte im Zwinger, damit der Welpe lernen kann auch einmal alleine zu bleiben.

21

Ist die Aufzucht von Welpen im Garten ideal?

A Ja, denn der Garten ist eine natürliche Umgebung und das härtet ab.

B Nein, denn bei der ausschließlichen Aufzucht im Garten kann der Hund nicht genügend Erfahrungen mit Menschen und dem Leben in häuslicher Umgebung machen.

C Es kommt nicht darauf an, wo der Hund aufwächst, sondern wieviel ihm geboten wird. Bei einer Aufzucht im Garten muss sichergestellt sein, dass er dennoch ausreichend viele positive Kontakte mit Menschen, Umweltreizen (z.B. Verkehr) und anderen Hunden hat.

D Im Garten lauern viele Krankheitserreger, deshalb sollten Welpen bis zur 12. Woche überhaupt nicht draußen gehalten werden.

22

Welche Punkte sind bei der Welpenerziehung wichtig?

A Mit der Erziehung sollte man grundsätzlich nicht in Welpentagen, sondern frühestens mit einem halben Jahr anfangen.

B Welpen können sich immer nur kurz konzentrieren.

C Einen Welpen sollte man niemals grob körperlich bestrafen, denn sonst verliert er das Vertrauen in den Menschen.

D Am besten ist es, wenn der Welpe mit einem erwachsenen Hund zusammen leben kann, denn dann übernimmt dieser die Erziehung.

23

Was muss man bei Übungen mit einem Welpen beachten?

A Man sollte liebevoll, aber konsequent mit ihm umgehen.

B Man sollte ihm im positiven Sinn viele Reizsituationen bieten, um ihn an alltägliche Situationen zu gewöhnen.

C Auch bei einem Welpen muss man schon mit mäßigem Druck und Strenge arbeiten, damit er sich gar nicht erst Marotten angewöhnt.

D Übungen sollten spielerisch aufgebaut werden, denn so lernt der Welpe in einer stressfreien Übungsatmosphäre.

24

Wenn man einen Welpen kauft, sollte man

A besonders in der ersten Phase viel Zeit (ggf. Urlaub) haben, um sich bestmöglich um den Hund kümmern zu können

B den Züchter vorher „auf Herz und Nieren" geprüft haben, um einen Hund mit guten charakterlichen und genetischen Anlagen zu bekommen

C unbedingt einen Garten haben, denn sonst ist es sehr problematisch den Hund stubenrein zu bekommen

D sicher sein, dass der Hund auch längerfristig zum eigenen Lebensstil und den Lebensumständen passt.

25

Welche Dinge sprechen gegen den Erwerb eines Welpen aus dieser Quelle?

A Die Hündin verbellt jeden, der in die Nähe kommt, und die Welpen bellen und verstecken sich.

B Die Hunde haben keine Papiere.

C Die Hunde sind schmuddelig, weil sie im Laub spielen.

D Die Welpen rennen zu jedem hin.

26

Ab welchem Alter sollte man mit dem Welpen Übungen beginnen?

A Das Alter ist egal. Wichtig ist, dass der Hund vorher ca. drei Wochen Zeit hatte sich bei seiner neuen Familie einzuleben.

B Das Alter ist egal. Man kann sofort mit einfachen Übungen anfangen. Wichtig ist, dass er keine Angst hat und nicht zu aufgeregt ist .

C Gehorsamstraining sollte man nicht vor sechs Monaten beginnen, denn ein Welpe ist noch unreif.

D Die einzige Übung, die man mit einem Welpen machen sollte, ist das Training der Stubenreinheit. Für alles andere ist der Hund noch zu jung.

27

Wie lange dauert die Sozialisationsphase (so genannte Prägephase) beim Welpen?

A Bis zum Abschluss der 8. Woche.

B Bis zum Abschluss der 12. bis max. 16. Woche.

C Bis zur Geschlechtsreife.

D Bis zu einem Jahr.

28

Warum sind gerade die ersten drei Monate im Leben eines Hundes so entscheidend?

A Die Hunde sammeln in dieser Zeit Erfahrungen, die ihnen im späteren Leben als Vergleichsmaßstab dienen.

B Die ersten drei Monate sind gar nicht so entscheidend. Alle wichtigen Erfahrungen kann ein Hund auch zu einem späteren Zeitpunkt im Leben machen.

C In dieser Zeit entwickelt sich das Gehirn besonders schnell. Durch gute Aufzuchtbedingungen kann man die „Intelligenz“ fördern.

D Hunde binden sich in dieser Zeit unwiederbringlich an ihren Besitzer.

29

Woran erkennt man einen seriösen Züchter?

A Er züchtet in aller Regel Hunde verschiedener Rassen oder hält und verkauft zumindest nicht nur eine Rasse. Er hält diese Tiere in einer gut gepflegten, sauberen Zwingeranlage und achtet darauf, dass die Tiere nicht durch Besucher gestört werden.

B Er gibt gerne Auskunft und klärt die Interessenten auch über mögliche Nachteile der Rasse auf.

C Er hat ständig einen Wurf Welpen, um die Nachfrage nach der Rasse zu decken.

D Ein seriöser Züchter integriert die Welpen in seine Familie und bietet ihnen während der Aufzuchtsphase zahlreiche Alltags- und Umweltreize.

30

Was versteht man unter dem so genannten „Welpenschutz"?

A Welpen werden von der Mutterhündin niemals im Stich gelassen.

B Welpen werden von erwachsenen Hunden nicht gebissen, denn sie stehen unter Welpenschutz. Ein erwachsener Hund, der einen Welpen beißt, ist verhaltensgestört.

C Hunde genießen bis zum Alter von einem Jahr Welpenschutz und dürfen in dieser Zeit von anderen Hunden nicht gebissen und vom Menschen nicht grob bestraft werden.

D Es gibt keinen „Welpenschutz". Den Welpen schützt angemessenes, also unterwürfiges und beschwichtigendes Verhalten.

31

Was kann man über die „Flegelphase“ sagen?

A Als Flegelalter oder Flegelphase wird die Pubertätsphase bezeichnet.

B Die Flegelphase kann schon ab dem fünften Monat einsetzen.

C Während der Flegelphase sind Hunde häufig aufmüpfiger und gehorchen nicht mehr so gut.

D Während der Flegelphase sollte man den Hund für unerwünschtes Verhalten und Ungehorsam strikt bestrafen, z.B. durch ein heftiges Schütteln im Nackenfell, denn sonst verliert der Hund den Respekt vor den Menschen.

32

Ab wann sollte man mit einem Welpen eine Welpenspielgruppe besuchen?

A So früh wie möglich. Je nach Ausrichtung der Gruppe schon ab der sechsten oder achten Woche.

B Ab dem fünften Lebensmonat.

C Gar nicht, weil langes oder rauhes Welpenspiel den Gelenken schadet.

D Wenn der Welpe mit mindestens einem anderen Hund täglichen Kontakt hat, gar nicht, weil dieser Kontakt dem Hund für eine optimale Entwicklung reicht.

33

Woran kann man erkennen, ob sich ein Hund einem anderen gegenüber dominant verhält?

A Er legt sich auf die Seite und wedelt.

B Er macht sich groß (Schwanz hoch, Ohren nach vorne, steifer Gang) und weicht Blickkontakt nicht aus.

C Er bellt und legt die Ohren an.

D Er legt die Schnauze oder Pfote auf den Rücken des anderen Hundes.

34

Was bedeutet es, wenn ein Hund einem anderen den Kopf auf den Rücken legt?

A Er ist unterwürfig.

B Er macht eine Spielaufforderung.

C Er ist müde.

D Es ist eine Imponiergeste.

35

Was bedeutet es, wenn sich zwei Hunde direkt in die Augen starren?

A Es bedeutet, dass sie sich gern haben.

B Es ist eine Beschwichtigungsgeste.

C Auf diese Weise bedrohen sie sich gegenseitig.

D Sie wollen miteinander spielen.

36

Was für eine Bedeutung hat es, wenn sich ein Hund flach auf den Boden legt und einen entgegenkommenden Hund mit dem Blick fixiert?

A Er möchte vermutlich einen „Angriff" starten. Dieser Angriff kann spielerisch oder ernst ausgerichtet sein.

B Er ist müde und möchte sich schnell noch ein wenig ausruhen, bis der andere Hund da ist.

C Es hat gar nichts mit dem anderen Hund zu tun, sondern ist ein Zeichen von starken Bauchschmerzen.

D Der liegende Hund verhält sich unterwürfig.

37

Was sind Stresssymptome eines Hundes?

A Unruhiges Verhalten und Hecheln.

B Futterbetteln.

C Starkes Haaren und ggf. stumpfes Fell bei länger anhaltendem Stress.

D Nach vorne gerichtete Ohren und Interesse an der Umwelt.

38

Woran erkennen Sie, dass Hunde miteinander spielen?

A Sie zeigen gelegentlich eine Spielaufforderung.
B Im Spiel jagt jeder Hund einmal einen anderen und wird selbst auch gejagt.
C Im Spiel wird ein Hund in die Ecke getrieben oder umgeworfen. Der „Unterlegene" quiekt hierbei laut auf, schnappt um sich und hat die Rute eingeklemmt.
D Alles ist Spiel, wenn keine offenen Wunden entstehen.

39

Welche Gesten setzen Hunde zur Beschwichtigung ein?

A Das Sich-über-die-Nase-Lecken.
B Pföteln.
C Weggucken.
D Einen starren Blick nach vorne.

40

Bilden Hunde, die sich zufällig auf einer Hundewiese treffen, eine stabile Rangordnung aus?

A Ja, denn Hunde stellen immer, wenn sie sich treffen, eine Rangordnung auf.
B Nein, eine stabile Rangordnung bildet sich nur, wenn die Hunde zusammen leben oder sich mehrmals täglich sehen.
C Ja, allerdings nur, wenn der Kontakt länger als fünf Minuten dauert.
D Nein, nur Hunde, die miteinander verwandt sind, bilden eine Rangordnung.

41

Ein Welpe oder ein Kind ist einem Hund gegenüber sehr aufdringlich. Welche Verhaltensweisen erwachsener Hunde sind normal und absolut hundetypisch?

A Knurren.
B Die Lefzen kräuseln.
C Der Hund tut nichts, weil Kinder und Welpen bei erwachsenen Hunden uneingeschränkt Narrenfreiheit haben.
D Schnappen oder Beißen, wenn es aus Hundesicht die Situation erfordert.

42

Zwei Hunde kämpfen miteinander. Die Besitzer stehen daneben und schreien die Hunde an, um den Kampf zu beenden. Wie interpretieren die Hunde dieses Verhalten?

A Durch das Anschreien bekommen die Hunde Angst und beenden den Kampf sofort.
B Durch die aggressive Stimmung der Besitzer werden die Hunde angestachelt weiterzukämpfen.
C Das Schreien der Besitzer beeinflusst das Verhalten der Hunde nicht.
D Hunde interessieren sich nicht für das Verhalten von Menschen.

43

Warum reagieren viele Hunde an der Leine aggressiver?

A Hunde an der Leine sind mutiger.
B Hunde können sich an der Leine nicht frei bewegen und ausweichen und fühlen sich schneller bedroht.

C Hunde haben dieses Verhalten als Strategie gelernt, um Situationen, die sie ängstigen, schneller beenden oder für sich entscheiden zu können.
D Hunde ärgern sich darüber, dass sie angeleint sind und übertragen ihre Wut auf den anderen Hund.

44

Ich beuge mich über einen Hund und möchte ihn streicheln. Er duckt sich und knurrt. Ich mache mich klein und strecke ihm meine Hand entgegen, damit er daran schnüffeln kann. In diesem Moment schnappt er nach mir. Was könnte der Grund dafür sein?

A Ein Hund, der so reagiert, muss früher geschlagen worden sein.
B Er hat die Geste des Handausstreckens als Bedrohung empfunden.
C Er ist grundsätzlich verhaltensgestört.
D Es ist normal, dass Hunde Gegner attackieren, die schwächer sind. Dadurch, dass man sich klein gemacht hat, hat man dem Hund signalisiert, dass man schwächer ist als er.

45

Nennen Sie typische Signale, an denen man ängstlich-unterwürfiges Verhalten erkennen kann.

A Blickkontakt halten.
B Sich klein machen und ducken.
C Den Schwanz einziehen und die Ohren anlegen.
D Harnen bei geduckter Haltung.

46

Welche Verhaltensweisen zeigt ein Hund, der Angst hat und sich bedroht fühlt?

A Er versucht zu fliehen.
B Er versucht anzugreifen, wenn er nicht ausweichen kann.
C Er wedelt und bettelt nach Futter.
D Er pinkelt unter sich.

47

Achten Hunde auf die Körpersprache von Menschen?

A Ja, Hunde achten sehr auf die Körpersprache von Menschen.
B Nur wenn man es ihnen beigebracht hat.
C Nein, wie sich Menschen verhalten ist Hunden egal.
D Nein, Hunde achten nur auf die Worte von Menschen.

48

Können Hunde unsere Sprache verstehen?

A Hunde können die Bedeutung bestimmter Worte lernen.
B Hunde können nur den Klang unterscheiden.
C Nein, sie können aber in der Sprache einzelne Wörter wiedererkennen, deren Bedeutung sie gelernt haben.
D Ja, Sprache zu verstehen ist für Hunde kein Problem.

49

Eine gute Bindung des Hundes an seinen Besitzer erkennt man daran, dass

A sich der Hund häufig am Halter orientiert

B der Hundehalter liebevoll mit seinem Hund schmust

C Hund und Hundehalter ausgelassen miteinander spielen

D der Hundehalter seinem Hund Futter gibt, wenn dieser nach einem Leckerchen bettelt.

50

Ist es Spiel, wenn eine Gruppe von Hunden einem unsicheren Hund hinterherrennt und ihn in die Enge drängt?

A Nein, das nennt man Beuteaggression.

B Nein, das könnte man als Mobbing bezeichnen.

C Nein, es handelt sich um einen so genannten Kommentkampf.

D Ja, das ist eine typische Situation im Spiel.

51

Wer wäre der beste Ansprechpartner, wenn es zu Problemen im Zusammenleben kommt?

A Der Züchter oder ein anderer Halter derselben Rasse.

B Ein Tierarzt, der sich auf Verhalten spezialisiert hat.

C Ein anderer Hundebesitzern, der seinen Hund gut unter Kontrolle hat.

D Ein moderner und erfahrener Hundetrainer, der im Bereich Problemverhalten speziell geschult ist.

52

Was hat für Hunde die größte Bedeutung im Bereich der Rangfolge?

A Aufmerksamkeit (Spiel, Futter, Zuwendung) fordern zu können.

B Täglich mehrmals rausgehen zu dürfen.

C Einen gemütlicher, ggf. erhöhter Liegeplatz.

D Spielzeug zur freien Verfügung zu besitzen.

53

Wie stellt man zwischen Mensch und Hund die Rangordnung klar?

A Man wartet, bis der Hund ein Rangprivileg für sich in Anspruch nimmt oder in einer Übung einen Fehler macht und unterwirft ihn dann, indem man ihn mit Schwung auf den Rücken dreht und dort einen Moment lang festhält.

B Man achtet darauf, dass man selbst derjenige ist, der zum größten Teil zu gemeinsamen Beschäftigungen auffordert.

C Man ignoriert aufdringliches und forderndes Verhalten des Hundes.

D Man isst demonstrativ vor den Augen des Hundes und gibt ihm von diesem Essen nichts ab.

54

Was zeigt eine gute Bindung zwischen Mensch und Hund an?

A Der Hund tobt wild mit seinem Menschen und springt ihn hierbei häufig an.

B Der Hund hat Spaß an den Übungen, die „sein" Mensch von ihm verlangt.

C Wenn die Bezugspersonen häufig wechseln, lernt der Hund eine grundsätzlich gute Bindung gegenüber allen Menschen.
D Ein Hund, der eine gute Bindung zu seinem Besitzer hat, orientiert sich auch auf dem Spaziergang häufig an ihm und bleibt innerhalb der Sicht- oder Kontaktweite.

55

Welche Behandlungen können das Vertrauensverhältnis zwischen Hund und Halter schwächen?

A Der Einsatz von direkten körperlichen Strafen.
B Ein Maßregeln des Hundes, wenn er in einer Situation unerwünschtes und/oder ängstliches Verhalten zeigt.
C Viel Beschäftigung mit dem Hund.
D Aus Hundesicht unlogisches Verhalten.

56

Was sind typische „Fehler“ von Kindern bei Begegnungen mit einem Hund?

A Dem Hund direkt in die Augen starren.
B Den Hund nicht anschauen.
C Die Arme hochreißen, schreien oder wegrennen.
D Den Hund über den Kopf streicheln.

57

Was kann zu Problemen zwischen Hunden und Kindern führen?

A Kinder können auf Spielideen kommen, die Hunden unangenehm sind.
B Kinder können Hundeverhalten missverstehen bzw. falsch deuten und verhalten sich dann aus Hundesicht unangemessen.
C Zwischen Kindern und Hunden gibt es keine Probleme, denn sie sind gleichermaßen spielbegeistert und verstehen sich immer gut.
D Beide, Kinder und Hunde, sind unberechenbar.

58

Sollte man seinen Hund unbeaufsichtigt mit Kindern spielen lassen?

A Ja, wenn der Hund und das Kind zusammen leben, ist das kein Problem, weil der Hund seine eigenen Rudelmitglieder nie beißen bzw. verletzen würde.
B Wenn der Hund die Kinder kennt und mag, ist das kein Problem.
C Nein, denn es kann immer kritische Situationen geben. Eine gute Aufsicht bei Kontakten zwischen Kindern und Hunden ist notwendig.
D Nur, wenn es ein kleiner Hund ist, der den Kindern nichts tun kann.

59

Ist es wichtig mit einem Hund zu üben, dass er sich überall anfassen lässt?

A Ja, es fördert das gegenseitige Vertrauen.
B Ja, erleichtert Pflegemaßnahmen.
C Ja, Körperkontakte stärken die Bindung.
D Nein, man muss so etwas nicht üben. Ein Hund, der gut untergeordnet ist, lässt sich sowieso überall problemlos anfassen.

60

Darf man zulassen, dass ein fremdes Kind den eigenen Hund streichelt?

A Nur, wenn das Kind vorher freundlich gefragt hat und älter als sechs Jahre ist.

B Wenn der Hund freundlich mit Kindern ist, ja, allerdings nur unter Kontrolle. Notfalls bricht man den Kontakt rechtzeitig ab, wenn man merkt, dass der Hund angespannt reagiert.

C Ja, denn auf diese Weise lernen Kinder den Umgang mit Hunden. Der Hund sollte festgehalten werden, damit das Kind beliebig lange Zeit den Hund streicheln und liebkosen kann.

D Nein, jeder Hund stellt immer eine große Gefahr dar. Der Hund könnte das Kind beißen. Kontakte zwischen Kindern und Hunden sollten verhindert werden.

61

Es kommt relativ häufig vor, dass Hunde Kinder im Gesicht verletzen. Warum?

A Das Gesicht des Kindes ist in Schnauzenhöhe.

B Kinder umarmen Hunde gerne und geben ihnen Küsse. Einigen Hunden ist diese Nähe zu viel und sie versuchen sich durch Schnappen aus der Situation zu befreien.

C Die Gesichtsverletzungen entstehen meist nicht durch Bisse, sondern wenn die Kinder angesprungen werden und dabei hinfallen.

D Hunde verletzen unbeabsichtigt gelegentlich das Gesicht eines Kindes, wenn sie über das „Lefzenlecken" Beschwichtigung signalisieren wollen.

62

Hängt es vom Alter des Kindes ab, ob das Zusammenleben mit einem Hund reibungslos funktioniert?

A Hunde kommen dann mit Kindern zurecht, wenn sie mit dieser bestimmten Altersklasse ausreichend sozialisiert sind.

B Nein, das hat mit dem Alter nichts zu tun. Ein Hund fühlt sich innerhalb der Familie in jedem Fall rangniedriger als die Kinder.

C Ja, weil reifere Jugendliche von vielen Hunden als Erwachsene eingestuft werden.

D Ja, das Zusammenleben zwischen kleinen Kindern und Hunden ist immer problematisch.

63

Was ist bei der Sozialisierung eines Hundes auf Kinder zu beachten?

A Der Hund sollte im Welpenalter genügend positiven Kontakt zu Kindern aller Altersstufen haben.

B Der Hund sollte Kinder nur aus der Ferne sehen, um sich an sie zu gewöhnen.

C Der Hund braucht nur den Kontakt zu einem Kind, um ausreichend auf Kinder sozialisiert zu sein.

D Der Hund sollte besonders im Welpenalter rigoros vor Kindern abgeschirmt werden, denn Kinder wollen Hunde nur ärgern oder bedrängen.

64

Wie soll ich mich verhalten, wenn ein fremder Hund auf mich und mein Kind zugestürmt kommt?

A Ich reiße mein Kind schnell hoch, um es aus der Gefahrenzone zu bringen.
B Ich schaue dem Hund in die Augen und verjage ihn.
C Ich bleibe ganz ruhig und stelle mich zwischen Hund und Kind.
D Ich reiße die Arme hoch und schreie den Hund an.

65

Wie sollen sich Kinder verhalten, wenn sie einem fremden Hund begegnen?

A Normal weitergehen ohne den Hund anzusehen bzw. anzusprechen.
B Den Halter fragen, ob sie sich dem Hund nähern dürfen.
C Zügig auf den Hund zugehen und ihn streicheln.
D Vorsichtig auf den Hund zugehen und ihn ganz kurz von hinten über den Rücken streicheln.

66

Wie kann man sich als Mensch dem Hund gegenüber verhalten, um ihm zu verdeutlichen, dass man der „Rudelführer“ ist.

A Der Hund bekommt nur zu festen Zeiten zu fressen.
B Man achtet darauf, um den Hund herum zu gehen oder über ihn zu steigen, wenn er im Weg liegt.
C Man sollte auf Spielaufforderungen des Hundes immer eingehen.
D Man sollte soziale Aktivitäten beginnen und sie beenden, bevor der Hund die Lust verliert.

67

Welche Spiele mit dem Hund sind auch für Kinder geeignet?

A Zerren am Seil.
B Ballspiele.
C Fährtensuchspiele.
C Wilde Rauf- und Jagdspiele.

68

Ein Hund akzeptiert einen Menschen umso eher als Rudelchef, je

A liebevoller er mit ihm umgeht und je mehr Zugeständnisse er dem Hund macht
B souveräner er auftritt
C konsequenter er Aufmerksamkeit erheischendes Verhalten des Hundes ignoriert
D häufiger er von dieser Person gefüttert wurde.

69

Das Rangverhältnis zwischen dem Hund und seinem Besitzer ist nicht eindeutig zu Gunsten des Besitzers geklärt. Welche Verhaltensweisen des Besitzers können bei dem Hund aggressives Verhalten auslösen?

A Er greift dem Hund über den Rücken, um die Leine anzulegen.
B Er schiebt den Hund zur Seite.
C Er ignoriert den Hund, wenn dieser mit einem Ball ankommt und spielen möchte.
D Er putzt dem Hund die Pfoten ab.

70

Welche Verhaltensweisen zeigt ein dominanter Hund gegenüber seinen menschlichen Rudelmitgliedern, um seine Stellung zu beweisen?

A Er zieht an der Leine.

B Er bestimmt, wann und womit gespielt wird.

C Er läuft auf dem Spaziergang immer hinter dem Menschen, um ihn zu kontrollieren.

D Er ignoriert Spielaufforderungen des Menschen.

71

Ihr frei laufender Hund kommt auf Ihr Rufen nicht zurück. Was können Sie tun?

A Mich so verstecken, dass ich den Hund noch sehen kann und den Hund dann nach einiger Zeit aus dem Versteck heraus noch einmal rufen. Außerdem einen Gehorsamskurs buchen, denn das Rückrufkommando sollte klappen.

B Schnell in die entgegengesetzte Richtung davonrennen und mich so für den Hund interessant machen. Außerdem schnellstmöglich Rat einholen bei einem erfahrenen und modernen Hundeausbilder, der Hunde über positive Trainingstechniken erzieht.

C Versuchen den Hund einzufangen. Solch einen Hund kann man nie wieder ableinen.

D Den Hund laut anschreien und mit Strafen drohen, damit er Angst bekommt und herankommt. Wenn der Hund schon älter ist, kann man nichts mehr machen.

72

Besteht die Gefahr, durch Strafen einen Hund so zu schockieren, dass er das Vertrauen in einen verliert?

A Nein, nicht wenn man vorher ein gutes Verhältnis hatte.

B Ja, bei sensiblen Hunden manchmal sogar mit Kleinigkeiten, besonders wenn die Handlung für den Hund „unlogisch“ ist.

C Ja, durch inkonsequentes und launisches Vorgehen.

D Nur bei generell ängstlichen Hunden.

73

Was ist zu tun, wenn ein Hund, der immer lieb und friedlich war, ganz plötzlich aggressives Verhalten zeigt?

A Der Hund sollte schnellstens dem Tierarzt vorgestellt werden, denn er könnte Schmerzen oder eine andere Erkrankung haben.

B Man sollte ihn sofort eindrücklich bestrafen, denn so etwas darf man nicht durchgehen lassen.

C Gar nichts. Aggressives Verhalten ist ein normales Hundeverhalten.

D Man sollte die Fütterung umstellen und mehr Kohlenhydrate füttern.

74

Mein Hund hat beim Tierarzt auf dem Tisch sehr viel Angst. Er ist unruhig und zappelig. Manchmal knurrt er auch, wenn ihm etwas unangenehm ist. Ist es günstig dem Hund gut zuzureden?

A Ja, ich sollte möglichst die ganze Zeit mit dem Hund reden, um ihn zu beruhigen.

B Nein, ich sollte gar nicht mit ihm reden, weil mein Hund lernen muss, mit derartigen Situationen alleine klar zu kommen.

C Nein, ich sollte nur in den Momenten mit ihm reden, wenn er sich brav verhält und nicht knurrt.

D Gut zureden ist nicht richtig. Statt dessen sollte man ihn einmal laut anschreien, damit er aufhört sich so aufzuführen.

75

Ist es ein Zeichen von Aggression, wenn ein Hund auf dem Spaziergang zu einer fremden Person hinrennt und diese unvermittelt anspringt?

A Nicht unbedingt, aber es ist ein Verhalten, das man dem Hund frühzeitig abgewöhnen sollte, da es Leute gibt, die Angst vor Hunden haben.

B Ja, Anspringen ist ein aggressives Verhalten.

C Nein, das Anspringen ist als Spielaufforderung zu verstehen.

D Nein, es ist ein Zeichen großer Zuneigung.

76

In welcher der genannten Situationen können Hunde aggressiv reagieren?

A Wenn sie von einer fremden Person plötzlich angefasst werden und nicht ausweichen können.

B Wenn man sie beim Fressen stört.

C Beim Tierarzt bei schmerzhaften Manipulationen oder aus Angst.

D Wenn man einem fremden Hund nicht in die Augen schaut.

77

Was sind eindeutige Anzeichen von Angst oder Stress?

A Der Hund macht sich klein und versucht zu fliehen.

B Er hechelt und hat dabei den Schwanz eingeklemmt und die Ohren nach hinten gelegt.

C Er gähnt und leckt sich häufig über die Nase.

D Er hat die Ohren nach vorne gestellt und zieht die Lefzen hoch.

78

Was sind häufige Ursachen für die Entstehung eines Angstproblems?

A Schlechte Erfahrungen, besonders,wenn sie in der Welpenzeit stattgefunden haben.

B Mangelnde Erfahrungen = Sozialisationsdefizit.

C Schwere Krankheiten.

D Eine einmalige, besonders schockierende, schlechte Erfahrung.

79

Führt eine Kastration des Rüden immer zur Verminderung der Aggression gegenüber anderen Rüden?

A Uneingeschränkt ja.
B Grundsätzlich nein.
C Nein, nicht immer. Ob die Kastration als „Therapie" gegen die Aggression erfolgreich ist, hängt unter anderem vom Alter ab. Zusammen mit einem speziellen Erziehungsprogramm ist sie aber einen Versuch wert. Die Kastration verschlimmert das Aggressionsproblem auf jeden Fall nicht.
D Nur wenn männliche Hormone die Ursache für das aggressive Verhalten sind.

80

Gibt es beim Üben mit einem ängstlichen Hund besondere Dinge zu bedenken?

A Ja, Hunde können nur lernen, wenn sie entspannt sind und keine Angst haben.
B Ja, man muss darauf achten, keine bedrohlichen Gesten in den Übungen zu verwenden.
C Ja, mit einem ängstlichen Hund sollte man lieber gar nicht trainieren, weil er aus Angst heraus beißen könnte.
D Nein, mit einem ängstlichen Hund kann man trainieren, wie mit jedem anderen auch.

81

Innerhalb welcher Zeit kann ein Hund eine Belohnung sicher mit seiner gezeigten Handlung verknüpfen?

A Es dürfen nicht mehr als eine, allerhöchstens zwei Sekunden vergehen.
B Man sollte den Hund innerhalb von fünf Sekunden belohnen.
C Es ist nicht von der Zeit abhängig, ob der Hund die Übung begreift, sondern nur von der Tatsache, ob die Futterbelohnung lecker genug ist.
D Man hat ein paar Minuten Zeit, besonders wenn der Hund die Handlung länger zeigt.

82

Stimmt es, dass man älteren Hunden nichts mehr beibringen kann?

A Ja, Hunde, die älter als ein Jahr sind, können nichts mehr lernen.
B Nein, Hunde können ihr Leben lang neue Dinge lernen.
C Nein, aber es ist einfacher, schon mit einem Welpen zu üben, dann gewöhnt sich der Hund nicht erst etwas Falsches an.
D Nein, da ein Welpe noch gar nichts lernen kann, sollte man überhaupt mit der Erziehung erst beginnen, wenn der Hund ein Jahr alt ist.

83

Können im Zusammenhang mit Strafe Probleme auftreten?

A Ja, der Hund kann Angst vor dem Hundeführer bekommen.
B Ja, der Hund kann aggressiv werden, wenn er sich bedroht fühlt oder Schmerzen empfindet.
C Ja, denn wenn man im falschen Moment bestraft, kann der Hund die Verbindung zwischen Strafe und unerwünschtem Verhalten nicht herstellen.
D Nein, man braucht keine Probleme zu erwarten, denn Strafe ist etwas, was der Hund immer versteht.

84

Wie häufig und wie lange sollte man mit dem Hund üben?

A Ein Mal am Tag eine Stunde.

B So häufig wie es geht, aber immer nur kurz, dann kann sich der Hund am Besten konzentrieren.

C Es ist besonders wichtig, dass man täglich immer zur selben Zeit übt, wie lange, ist abhängig vom Trainingsstand des Hundes.

D Zwei Übungen auf jedem Spaziergang sind absolut ausreichend, sonst wird der Hund überfordert.

85

Nennen Sie Möglichkeiten einen Hund zu belohnen.

A Mit Futterhäppchen.

B Mit Spielzeug oder einem Spiel.

C Man sollte den Hund fest an sich drücken, ihm ins Ohr sagen, dass er brav war und ihn auf den Kopf küssen.

D Man braucht einen Hund nicht extra zu belohnen, er weiß, dass er brav war, wenn er die Übung gut beherrscht.

86

Gibt es Strafen, die man als „artgerecht" bezeichnen kann?

A Ja, Schläge, denn Hunde untereinander sind auch nicht zimperlich.

B Ja, lautes Anschreien und gleichzeitiges leichtes Schlagen mit der Zeitung.

C Ja, Ignorieren, wenn es die Situation zulässt.

D Nein, Strafen können niemals „artgerecht" sein.

87

Wie kann man vermeiden, dass der Hund durch Strafen das Vertrauen in seinen Besitzer verliert?

A Wenn man Ignorieren als „Strafe" anwendet.

B Bei einer indirekten Strafe, wie mit der Wasserpistole zu spritzen, wenn der Hund nicht bemerkt, woher die Strafe kommt.

C Bei einer indirekten Strafe, wie mit der Wasserpistole zu spritzen. Dabei sollte man gleichzeitig schimpfen, sonst versteht der Hund nicht, woher das Wasser kam.

D Beim Schütteln am Nackenfell und gleichzeitigem Schimpfen, denn auch eine Hündin maßregelt auf diese Art und Weise ihre Welpen.

88

Was kann passieren, wenn man einen Hund als Erziehungsmaßnahme häufig und hart bestraft?

A Er wird die Übung schnell und zuverlässig ausführen, denn so lernt er, dass er brav sein muss.

B Er kann scheu und unsicher werden, weil er kein Vertrauen mehr zu seinem Besitzer hat.

C Es passiert nichts Schlimmes. Hunde untereinander verhalten sich auch rigoros. Der Hund wird also große Freude bei den Übungen haben, wenn er erst verstanden hat, worum es geht.

D Er könnte unter Umständen aggressiv reagieren, weil er sich bedroht fühlt.

89

Was passiert, wenn man versucht, einen Hund, der gerade Angst hat, mit Worten und durch Streicheln zu beruhigen?

A Der Hund wird sich beruhigen und seine Angst verlieren.

B Der Hund wird darin bestätigt, dass es sich lohnt, Angst zu haben. Man verschlimmert die Angst.

C Man verschlimmert die Angst, denn Hunde untereinander würden sich nicht beruhigen. Die plötzliche Aufmerksamkeit des Besitzers zeigt dem Hund, dass dieser auch eine Unsicherheit verspürt .

D Der Hund könnte aggressiv reagieren.

90

Wie lernt ein Hund am besten alleine zu Hause zu bleiben?

A Er sollte im gesamten ersten halben Jahr niemals alleine zu Hause gelassen werden.

B Im Idealfall beginnt man mit dem Training für das Alleinebleiben schon in Welpentagen.

C Man sollte den Hund schrittweise an die Situation gewöhnen.

D Hunde können das von alleine.

91

Warum zerstören Hunde Teile der Wohnung, wenn sie alleine zu Hause bleiben müssen?

A Aus Langeweile.

B Sie wollen sich am Besitzer rächen, denn am liebsten wären sie mitgegangen.

C Solche Hunde leiden häufig unter so genannter Trennungsangst.

D Der Hund hat vermutlich Hunger.

92

Können Hunde ein schlechtes Gewissen haben?

A Ja, aber nur, wenn sie vorher gelernt haben, dass sie bestimmte Dinge nicht tun dürfen.

B Nein, Hunde haben keine Moralvorstellung wie Menschen. Für sie gibt es kein Gut oder Böse.

C Nein, obwohl es manchmal so aussieht. In Wirklichkeit haben sie eine negative Verknüpfung mit dem Besitzer gemacht und zeigen eine angeborene Körperhaltung, die Unterwürfigkeit und Ängstlichkeit signalisiert. Sie soll den Besitzer beschwichtigen.

D Ja, allerdings nur, wenn ihre Tat nicht länger als einen halben Tag zurückliegt, denn sie können sich Dinge nur einen halben Tag lang merken.

93

Bei Ihrer Rückkehr sehen Sie, dass Ihr Hund einen Haufen in die Wohnung gemacht hat. Warum kommt Ihr Hund geduckt zu Ihnen, als hätte er ein schlechtes Gewissen?

A Der Hund kommt mir unterwürfig entgegen, um mich zu beschwichtigen.

B Der Hund hat Angst vor meiner Reaktion.

C Der Hund weiß genau, was er gemacht hat und kommt deshalb geduckt auf mich zu.

D Der Hund hat ein schlechtes Gewissen.

94

Wie reagieren Sie, wenn Sie aus der Wohnung gehen und Ihren Hund bellen oder heulen hören?

A Ich gehe sofort zurück und bestrafe ihn, denn er muss leise sein, wenn ich nicht da bin.

B Ich ignoriere das Bellen.

C Ich warte solange, bis der Hund für einen Moment ruhig ist und gehe dann zurück, um ihn zu loben.

D Ich suche Rat bei einem auf Verhaltensprobleme spezialisierten Tierarzt, denn es handelt sich vermutlich um ein Trennungsangstproblem.

95

Was passiert, wenn man mit dem Hund eine bestimmte Übung immer nur am gleichen Ort macht?

A Er wird sie an anderen Orten gar nicht oder nicht genauso gut ausführen.

B Lernen ist nicht von einem bestimmten Ort abhängig. Er wird die Übung, wenn man sie häufig an einem Ort geübt hat, bald überall sicher ausführen können.

C Der Ort ist nicht wichtig im Hundetraining. Wichtig ist, dass man immer zur selben Tageszeit übt, damit der Hund sich an einen geregelten Tagesablauf gewöhnt.

D Es könnte passieren, dass der Hund diese Übung ohne Befehl macht, sobald er an diesen Ort kommt, weil er die Übung mit dem Ort verknüpft hat.

96

Ihr Hund hat in die Wohnung gemacht. Wie reagieren Sie?

A Ich nehme den Hund mit zu der Stelle, zeige ihm sein Geschäft und schimpfe mit ihm.

B Ich packe den Hund, trage ihn zum Ort des Vergehens und stoße ihn mit der Nase hinein, damit er es nie wieder macht.

C Ich begrüße den Hund normal und versuche mir meinen Ärger nicht anmerken zu lassen. Wahrscheinlich habe ich ihn zu lange allein gelassen, so dass er nicht einhalten konnte.

D Ich beseitige das Geschäft kommentarlos.

97

Worauf muss man beim Einsatz von Belohnungen achten?

A Der Hund muss bis spätestens zwei Sekunden nach der erwünschten Handlung belohnt werden.

B Die Belohnung muss so gewählt werden, dass sie den Hund motiviert, aber ihn noch konzentrationsfähig hält.

C Futterbelohnungen sind nicht geeignet, denn sie verleiten den Hund nur zum Betteln.

D Der Hund sollte zunächst immer, später nur noch ab und zu belohnt werden.

98

Was passiert, wenn man ein bestimmtes Verhalten mit Futter belohnt?

A Der Hund wird dieses Verhalten in Zukunft häufiger zeigen, weil er sich eine leckere Belohnung erhofft.

B Der Hund macht diese Handlung nur noch, wenn er sieht, dass man Futter dabei hat.

C Der Hund wird unnötig verweichlicht, denn eigentlich soll er aus Treue zu mir brav sein und nicht, weil ich ihn mit Futter besteche.

D Der Hund wird mich als „Rudelführer" nicht mehr ernst nehmen, weil er weiß, dass er bei mir Futter bekommen kann.

99

Wie kann man einen Hund dazu motivieren, zu einem zu kommen?

A Man kann sich hinhocken und ihn locken.

B Man sollte sich etwas nach vorne beugen und ihn drohend rufen, damit er weiß, wer das Sagen hat.

C Man sollte sich umdrehen, von dem Hund weglaufen und ihn dabei rufen.

D Man sollte ihn möglichst rufen, wenn er guckt, und dann schnell von ihm weglaufen, denn wenn er nicht guckt, kann es sein, dass er das Rufen gar nicht mitbekommt.

100

Ist der Einsatz von Stromreizgeräten für die Hundeerziehung sinnvoll?

A Ja, denn es ist eine einfache und schnelle Methode, die sehr erfolgreich in der Erziehung eingesetzt werden kann.

B Ja, weil der Hund dann weiß, dass er nicht mehr machen kann was er will.

C Nein, die Gefahr von Fehlverknüpfungen und Angstverhalten als Folge ist zu groß.

D Nein, Reizstrom löst beim Hund starken Stress aus.

101

Darf man ängstlichen Hunden einen Maulkorb aufziehen, wenn es die Situation erfordern würde?

A Nein, auf keinen Fall; der Hund würde noch mehr Angst bekommen.

B Ja, denn wenn man den Hund schrittweise daran gewöhnt, stellt der Maulkorb keine Belastung dar.

C Nein, denn ein ängstlicher Hund braucht sowieso keinen Maulkorb, weil er nicht aggressiv ist.

D Ja, denn unabhängig von der Ängstlichkeit muss man seinem Hund manchmal einen Maulkorb anlegen, wenn es die Situation erfordert.

102

Welche der aufgeführten Erziehungshilfsmittel sind sinnvoll?

A Leine und Halsband oder Leine und Geschirr.

B Teletakt oder Stromreizgeräte.

C Hundehalfter.

D So genannte Erziehungsgeschirre.

103

Welche Hilfsmittel in der Hundeerziehung sind tierschutzrechtlich bedenklich?

A Das Stachelhalsband.

B Ein Hundehalfter.

C Teletaktgeräte.

D Clicker.

104

Was ist ein Hundehalfter (Halti, Gentle Leader)?

A Es ist eine Vorrichtung, mit der der Hund am Fahrrad läuft.

B Ein Band, das an der Schnauze des Hundes angelegt wird. Der Hund kann damit sicherer geführt werden.

C Es ist eine kleine Tasche, in der man die Leine verstauen kann.

D Es ist ein besonderer Maulkorb. Das Beißen wird verhindert.

105

Bietet ein Hundehalfter im Vergleich zu Halsbändern oder Geschirren Vorteile?

A Ja, denn man kann den Kopf des Hundes lenken und kontrollieren.

B Nein, es hat keine Vorteile. Im Gegenteil, die Verletzungsgefahr von Nase und Halswirbelsäule ist erheblich.

C Ja, denn das Kräfteverhältnis zwischen Mensch und Hund wird zugunsten des Menschen verschoben.

D Nein, es hat den Nachteil, dass der zur Erziehung des Hundes notwendige Leinenruck nicht mehr ausgeführt werden kann.

106

Was ist ein Erziehungsgeschirr?

A Ein Zuggeschirr, mit dem zum Beispiel Huskys den Schlitten ziehen.

B Ein Geschirr, bei welchem dünne Schnüre unter den Achseln des Hundes durchlaufen, die sich zusammenziehen, wenn der Hund an der Leine zieht. Der Hund empfindet hierbei große Schmerzen und hört eventuell auf, an der Leine zu ziehen.

C Als Erziehungsgeschirr bezeichnet man das Geschirr samt Bügel, wie es z. B. Blindenführhunde tragen.

D Eine Kombination aus Leine und Halsband, bei dem sich das Halsband zusammenzieht, wenn der Hund zu stark zieht.

107

Kann man mit einem Hundehalfter Probleme leichter in den Griff bekommen?

A Ja, das Ziehen an der Leine.

B Ja, das Beißen, da der Hund das Maul nicht aufbekommt.

C Nein, im Gegenteil: Der Einsatz eines Hundehalfters ist tierschutzrechtlich bedenklich.

D Nein, Hundehalfter sind bloß eine Modeerscheinung.

108

Birgt der Einsatz von Stachelhalsbändern bestimmte Gefahren?

A Ja, ein hohes Verletzungsrisiko.

B Nein, es birgt keine Gefahr, wenn man es richtig einsetzt.

C Ja, durch die schmerzhafte Einwirkung wird Stress erzeugt.

D Ja, es kommt in vielen Fällen zu fehlerhaften Verknüpfungen und die Hunde können aggressiver werden.

109

Auf dem Hundespaziergang kommt einem ein Reiter entgegen. Wie soll man sich verhalten?

A Wenn der Hund Pferde kennt, braucht man nichts zu unternehmen, denn dann hat der Hund keine Angst.

B Man sollte den Hund heranrufen und an die Leine nehmen, bis Pferd und Reiter vorbei sind und man sicher weiß, dass der Hund nicht hinterherrennen wird.

C Wenn der Reiter nur Schritt reitet, ist keine Gefahr gegeben, denn das langsame Reiten verleitet nicht zum Jagen.

D Man sollte seinen Hund grundsätzlich unter Kontrolle nehmen, da manche Pferde auch bei ruhigen und freundlichen Hunden ängstlich reagieren und dadurch Unfälle passieren können.

110

Aus welchem Grund ist es ratsam, dem Hund frühestmöglich beizubringen, nicht an Leuten hochzuspringen?

A Hunde können durch das Anspringen Menschen erschrecken.

B Hunde können durch das Anspringen Kleidung beschmutzen oder zerreißen.

C Da es ein Zeichen großer Freude ist und nichts mit Aggressivität zu tun hat, wenn ein Hund springt, muss man dem Hund das Anspringen nicht abgewöhnen. Es ist eine freundliche Geste.

D Das ist eine Frage der Rücksichtnahme gegenüber den anderen Menschen.

111

Auf einer Wiese spielt eine Gruppe von Kindern Fußball. Wie verhalten Sie sich mit Ihrem frei laufenden Hund?

A Wenn dies ein Hundeauslaufgebiet ist, darf ich den Hund frei laufen lassen. Ich erkläre den Fußballspielern das und schicke sie weg.

B Ich muss gar nichts unternehmen, denn mein Hund ist nicht aggressiv. Für den Fall, dass er im Übermut den Ball kaputt machen sollte, habe ich eine Haftpflichtversicherung.

C Ich leine den Hund vorsichtshalber an, bis ich an den Ball spielenden Kindern vorbei bin und sicher weiß, dass der Hund nicht zurücklaufen wird.

D Man muss in solchen Situationen nur große Hunde anleinen, denn ein kleiner Hund kann einem Kind nicht gefährlich werden.

112

Unter welchen Umständen kann ich meinen Hund in der Öffentlichkeit mit anderen Hunden spielen lassen?

A Im Hundeauslaufgebiet immer.

B Wenn ich mit dem anderen Hundehalter abgeklärt habe, dass Spielkontakt erwünscht ist und beide Hunde frei laufen können.

C Niemals an der Straße und nicht an der Leine oder wenn sich andere Menschen oder Tiere durch die spielenden Hunde belästigt fühlen oder gefährdet werden könnten.

D An der Straße nur, wenn die Hunde an der Leine sind. Sie könnten sonst beim Spielen auf die Fahrbahn laufen.

113

Kann es Probleme geben, wenn zwei angeleinte Hunde miteinander Kontakt aufnehmen?

A Ja, denn Hunde fühlen sich an der Leine grundsätzlich stärker und es kommt daher häufiger zu einer Rauferei.

B Ja, denn wenn die Hunde umeinander herum laufen, können sich die Leinen verheddern. Die Gefahr einer Rauferei ist dann sehr groß, da keiner der Hunde ein normales Sozialverhalten zeigen kann. Bei verhedderten Leinen ist es schwerer, eine Rauferei zu beenden.

C Ja, da Hunde an der Leine nicht ausweichen können, sind sie oft unsicherer und reagieren schneller aggressiv.

D Nein, die Leine hat keinen Einfluss auf das Verhalten der Hunde.

114

Wie verhalten Sie sich, wenn Sie auf dem Hundespaziergang an einem Kinderspielplatz vorbeikommen?

A Mein Hund liebt Kinder. Ich gucke, ob Kinder da sind, damit mein Hund mit den Kindern toben kann.

B In der Nähe von Kinderspielplätzen leine ich meinen Hund an. Dadurch kann ich vermeiden, dass sich jemand belästigt oder gefährdet fühlt.

C Wenn keine Kinder da sind, lasse ich den Hund laufen, denn er liebt es durch den Sand zu rennen.

D Ich habe einen kleinen Hund, der keine Gefahr für Kinder darstellt, deshalb lasse ich ihn einfach laufen.

115

In welcher der folgenden Situationen ist es angebracht den Hund an der Leine zu halten?

A In der Innenstadt und an stark befahrenen Straßen.

B Im Treppenhaus und auf Zugangswegen von Mehrfamilienhäusern.

C In Hotels, in Läden oder in Restaurants.

D In einem Hundeauslaufgebiet, wenn kein anderer Hund da ist, denn dann kann der Hund sowieso nicht spielen.

116

Der eigene Hund ist plötzlich in eine Rauferei verwickelt. Wie sollte man reagieren?

A Man sollte die raufenden Hunde solange möglichst laut anschreien, bis sie aufhören sich zu raufen.

B Man sollte sich gar nicht einmischen. Beide Besitzer sollten sich kommentarlos und möglichst zügig in entgegengesetzter Richtung von den Hunden entfernen.

C Wenn nur zwei Hunde in die Rauferei verwickelt sind, sollte man die Hunde trennen, indem man am Schwanz oder an den Hinterbeinen zieht, und zwar gleichzeitig bei beiden Hunden.

D Man sollte den Hund, der angegriffen worden ist, hinterher trösten und den anderen streng zurechtweisen und bestrafen.

117

Was kann man tun, wenn man nach einigen problematischen Begegnungen mit anderen Hunden feststellt, dass sich der eigene Hund mit Artgenossen nicht verträgt?

A Man sollte Rat bei einem modernen und erfahrenen Hundetrainer oder einem Tierarzt suchen, der auf Verhaltenstherapie spezialisiert ist.

B Man muss nichts unternehmen, denn es ist normal, dass sich Hunde auf dem Spaziergang mit Artgenossen beißen.

C Man sollte so einen Hund nicht behalten, sondern ins Tierheim geben oder einschläfern lassen, denn er stellt eine Gefahr dar.

D Man kann nicht mehr tun, als dem Hund einen Maulkorb anzulegen. Das Verhalten kann man nicht beeinflussen.

118

Wie verhalten Sie sich, wenn Ihnen ein Jogger entgegenkommt und Ihr Hund frei läuft?

A Ich brauche nichts zu unternehmen, weil mein Hund höchstens zu dem Jogger hinläuft, ihn aber nicht belästigt oder beißt.

B Ich rufe meinen Hund zu mir, leine ihn an und lasse ihn erst wieder los, wenn ich sicher weiß, dass er den Jogger nicht verfolgen wird.

C Ich renne ein Stückchen mit dem Jogger mit. Das lenkt meinen Hund vom Jogger ab, denn er konzentriert sich dann nur auf mich.

D Ich bitte den Jogger, möglichst langsam zu laufen, damir er meinen Hund nicht zum Hinterherrennen verleitet.

119

Wer ist für das Entfernen von Hundekot verantwortlich?

A Die Städte, denn dafür wird Hundesteuer bezahlt.

B Der Halter.

C Die Allgemeinheit. Jeder, der einen Hundehaufen sieht, muss ihn entfernen.

D Niemand. Hundekot muss nicht entfernt werden, denn er ist etwas ganz Natürliches, mit dem man leben muss.

120

Wie verhalten Sie sich, wenn Ihr Hund frei läuft und Ihnen eine Person mit angeleintem Hund entgegenkommt?

A Ich lasse meinen Hund immer zu dem anderen Hund laufen, denn meiner beißt nicht und Sozialkontakte mit Artgenossen sind wichtig für sein Wohlbefinden.

B Ich rufe meinen Hund zu mir und leine ihn auch an.

C Ich frage den Besitzer des anderen Hundes, ob mein Hund seinen Hund begrüßen darf, falls ja, lasse ich ihn hinlaufen, andernfalls leine ich ihn an und lasse ihn erst wieder frei, wenn ich sicher weiß, dass er nicht zu dem anderen Hund laufen wird.

D Ich rufe meinen Hund und leine ihn an. Ich stelle mich mit meinem Hund so hin, dass der andere Hundebesitzer ausreichend Abstand halten kann, wenn er mit seinem Hund an uns vorbeigeht. Während dieser Begegnung achte ich darauf, dass mein Hund den anderen Hund weder belästigt noch provoziert.

121

Auf einer Hundewiese macht eine Gruppe von Kindern Picknick. Wie verhalten Sie sich, wenn Sie mit Ihrem frei laufenden Hund dort vorbeikommen?

A Da ich sicher weiß, dass mein Hund Kindern nichts tut, lasse ich ihn laufen.

B Ich leine meinen Hund auf jeden Fall an, denn ich möchte nicht, dass sich andere Menschen durch meinen Hund bedrängt fühlen oder Angst bekommen.

C Ich rufe den Kindern laut zu, dass mein Hund nichts tut.

D Ich erkläre den Kindern, dass picknicken in einem Hundeauslaufgebiet verboten ist und schicke sie weg.

122

Wie verhalten Sie sich, wenn Ihnen auf dem Hundespaziergang jemand entgegenkommt, der seinen Hund beim Erblicken Ihres Hundes auf den Arm nimmt?

A Ich nehme meinen Hund auch auf den Arm und gehe vorbei.

B Ich rufe meinen Hund zu mir und leine ihn an. Beim Vorbeigehen an der anderen Person achte ich darauf, dass er weder an ihr schnüffelt noch hochspringt.

C Ich lasse meinen Hund zu dem Spaziergänger laufen, weil ich weiß, dass mein Hund freundlich ist und nicht springt.

D Ich lasse meinen Hund laufen und rufe dem anderen Besitzer zu, dass er seinen Hund runter lassen kann, weil meiner nichts tut.

123

Wie sollte man sich als Halter eines unkastrierten Rüden verhalten, wenn einem auf dem Hundespaziergang eine läufige Hündin begegnet?

A Man darf seinen Rüden ganz normal laufen lassen, weil die Hündin an der Leine geführt werden muss.

B Man sollte seinen Rüden heranrufen und anleinen. Erst wenn man sicher weiß, dass er der Hündin nicht hinterherlaufen wird, kann man ihn wieder ableinen.

C Man sollte den Besitzer der Hündin darüber aufklären, dass er in öffentlichen Gebieten nicht mit einer läufigen Hündin laufen darf.

D Wenn die Hündin nicht gerade die „Steh-Tage" hat, kann man den Rüden ohne aufzupassen mit der Hündin spielen lassen.

124

Plötzlich kommt auf dem Spaziergang ein fremder Hund und knurrt den eigenen an. Wie sollte man sich in dieser Situation verhalten?

A Man sollte den eigenen Hund schnell hochnehmen, damit er nicht gebissen wird.

B Ich stelle mich schützend vor meinen Hund, bereit notfalls nach dem anderen Hund zu schlagen, wenn dieser noch näher kommt.

C Ich entferne mich zielstrebig, damit mein Hund möglichst schnell aus der Gefahrenzone kommt.

D Ich bleibe stehen. Die Hunde werden diese Situation vermutlich in einer Rauferei klären. Das ist normales Hundeverhalten und ich muss ihnen Zeit geben sich wie Hunde verhalten zu können.

125

Auf dem Hundespaziergang kommen Ihnen Leute entgegen, die sich angesichts Ihres Hundes deutlich unwohl fühlen. Wie verhalten Sie sich?

A Wenn es ein Ort ist, an dem man den Hund laufen lassen darf und der Hund brav ist, muss man nichts unternehmen.

B Ich gehe auf die Leute zu und versichere, dass der Hund ganz lieb ist.

C Ich rufe meinen Hund zu mir und erkläre ihm, dass die Leute Angst vor ihm haben. Ich sage ihm auch, dass er deswegen nicht traurig sein soll.

D Ich leine meinen Hund sofort an, denn andere Menschen dürfen sich durch meinen Hund nicht bedroht fühlen.

126

Sollte man, wenn man einen Hund übernimmt, mit dem Hund zum Tierarzt gehen, auch wenn der Hund einen gesunden Eindruck macht?

A Ja, damit der Tierarzt anhand des Impfpasses überprüfen kann, ob der Hund ausreichend geimpft ist.

B Ja, damit sich der Hund an den Tierarzt und die Abläufe in der Praxis gewöhnt.

C Nein, so etwas ist nicht notwendig und reine Geldverschwendung.

D Ja, damit der Tierarzt den Hund möglichst auch einmal gesund kennen lernen kann. Er kann dann krankheitsbedingtes Verhalten besser einordnen.

127

Gibt es Dinge, die man prophylaktisch tun kann, damit der Hund gesund bleibt?

A Ja, der Hund sollte z.B. regelmäßig geimpft werden.

B Ja, man sollte den ganzen Körper z.B. beim Bürsten täglich genau anschauen, um Veränderungen oder Parasitenbefall sofort zu erkennen.

C Ja, der Hund sollte nur das beste Futter bekommen. Das ist in aller Regel auch das teuerste.

D Ja, einmal wöchentlich sollte man den Hund baden.

128

Wieviel Bewegung braucht ein Hund?

A Das ist abhängig von der Größe, dem Alter und dem Gesundheitszustand.

B Hunde brauchen nicht viel Bewegung. Es sind Tiere, die Gemütlichkeit lieben.

C Zu viel Bewegung schadet den Gelenken.

D Das ist abhängig von der Fütterung.

129

In welchem Bereich liegt die normale Körpertemperatur des Hundes?

A Im After gemessen um 38 °C.

B Im After gemessen um 36 °C.

C Solange die Nase kühl und feucht ist, hat der Hund kein Fieber. Fiebermessen ist dann nicht nötig.

D Ab einer Temperatur von 39,3 °C hat ein erwachsener Hund Fieber.

130

Ist es sinnvoll, den Hund mit einem Mikrochip kennzeichnen zu lassen?

A Ja, per Mikrochip kann der Hund immer sicher seinem Besitzer zugeordnet werden. Er ist unverwechselbar und nicht zu fälschen.

B Ja, die Daten eines Mikrochips, der nach den ISO-Richtlinien gefertigt ist, sind auch im Ausland lesbar.

C Der Aufwand, den Hund mit einem Mikrochip zu kennzeichnen, ist geringer als beim Tätowieren, weil die Narkose entfällt.

D Nein, es ist nicht sinnvoll, da der Mikrochip gesundheitlich belastend ist.

131

Wie oft sollte ein Hund entwurmt werden?

A Alle zwei Jahre.

B Immer nach einer positiven Kotuntersuchung oder prophylaktisch alle drei Monate, denn ein Hund kann sich jederzeit mit Würmern infizieren.

C Einmal nach dem Absetzen der Muttermilch.

D Ein Hund muss nicht entwurmt werden, der Darm reinigt sich selbst.

132

Bei einer Kastration werden/wird

A beim männlichen Tier die Hoden entfernt, weibliche Tiere werden sterilisiert

B die Hoden bzw. die Eierstöcke und ggf. die Gebärmutter entfernt

C die Eileiter bzw. Samenleiter durchtrennt

D die Tiere unwiederbringlich zeugungsunfähig gemacht.

133

Geben Sie die Dauer der Trächtigkeit einer Hündin an.

A 3 Monate.

B Je nach Rasse zwischen vier Wochen und zwei Monaten.

C 9 Monate.

D 60 – 63 Tage.

134

Kann eine Hündin bei der ersten Läufigkeit schon erfolgreich gedeckt werden?

A Ja.

B Nein.

135

Nennen Sie einige Parasiten, die auch in Deutschland sehr häufig vorkommen.

A Zecken.

B Milben.

C Flöhe.

D Herzwürmer.

136

Wann werden die meisten Hündinnen das erste Mal läufig?

A Wenn sie ausgewachsen sind.

B Zwischen 6 und 12 Monaten.

C Mit 18 Monaten.

D Wenn man sie von Junghundefutter auf Erwachsenennahrung umstellt.

137

Wieviel sollte ein Hund zu fressen bekommen?

A Soviel, wie er braucht, damit er eine schlanke Figur hat und weder zunoch abnimmt.

B Hunden kann man Futter zur freien Verfügung hinstellen, sie fressen nur soviel, wie sie brauchen.

C Hunde sollten stets genug zu fressen bekommen. Die Einhaltung eines Fastentages ist aber von ausschlaggebender Wichtigkeit für das Wohlergehen.

D Hunde sollten immer ein bisschen Hunger haben, denn sonst neigen sie zu Ungehorsam.

138

In welcher Form sollte man dem Hund das Fressen darreichen?

A Unbedingt zweimal täglich im Napf, zwischendurch darf der Hund nichts bekommen.

B Futter muss immer zur freien Verfügung bereitstehen, denn Hunde wissen selbst am besten wieviel sie brauchen.

C Hunde brauchen weder feste Fresssenszeiten noch einen festen Fütterungsort. Man kann das gesamte Futter in Form von Belohnungshäppchen verfüttern.

D Hunde sollten stets ein paar Übungen machen, bevor sie etwas zu fressen bekommen, denn „Leistung wird bezahlt".

139

Macht die Fütterung mit rohem, blutigem Fleisch einen Hund aggressiv?

A Ja, denn wenn Hunde einmal Blut geschmeckt haben, wollen sie es immer wieder haben.

B Nein, der Geschmack des Fressens hat nichts mit der Aggressionsbereitschaft zu tun.

C Ja, denn der Eiweißanteil ist in rohem, blutigem Fleisch besonders hoch.

D Nein, weil der Hund zufrieden ist, wenn er rohes, blutiges Fleisch gefressen hat und dann keinen Grund mehr zu aggressivem Verhalten hat.

140

Man ertappt zwei Hunde beim Deckakt in der Phase des „Hängens". Was kann man tun?

A Man sollte den Rüden so schnell wie möglich von der Hündin wegreißen, wenn kein Nachwuchs erwünscht ist.

B Man kann in diesem Moment nichts mehr tun. Die Dinge nehmen ihren Lauf. Man sollte möglichst sofort danach mit dem Tierarzt über bestehende Möglichkeiten sprechen.

C Man sollte die Hunde schnellstmöglich mit kaltem Wasser übergießen, um den Deckakt zu unterbinden und eine Trächtigkeit zu verhindern.

D Man darf die Tiere auf keinen Fall trennen, weil sie schwere Verletzungen an den Geschlechtsorganen bekommen würden. Man muss die gesamte Dauer des Deckaktes, also auch die Zeit des „Hängens" abwarten.

141

Wann kann eine Scheinträchtigkeit bei einer Hündin auftreten?

A Direkt nach der Läufigkeit.

B 4 – 9 Wochen nach der Läufigkeit.

C Unabhängig von der Läufigkeit.

D Hündinnen werden nur scheinträchtig, wenn sie gedeckt wurden, aber die Eizellen nicht befruchtet worden sind.

142

Woran erkennen Sie die Läufigkeit einer Hündin?

A Das erste Anzeichen ist, dass sie plötzlich sehr zum Streunen und Ungehorsam neigt.

B Die Scheide ist geschwollen.

C Sie hat Durchfall.

D Sie blutet aus der Scheide.

143

Ein sonst aktiver Hund ist ungewöhnlich ruhig und interessiert sich nicht besonders für das tägliche Geschehen. Was könnte das bedeuten?

A Gar nichts. Es ist nicht schlimm, wenn der Hund ruhig ist.

B Er könnte traurig sein. Man sollte sich besonders intensiv um den Hund kümmern, um ihn aufzumuntern.

C Das veränderte Verhalten kann ein Hinweis darauf sein, dass mit dem Tier etwas nicht stimmt. Man sollte das beim Tierarzt abklären lassen.

D Man sollte ihm sein Lieblingsfutter anbieten. Erst wenn er das nicht mehr frisst, wird ein Tierarztbesuch erforderlich.

144

Was ist zu tun, wenn der Hund seit zwei Tagen schlimmen Durchfall und Erbrechen hat?

A Man sollte zum Tierarzt gehen. Der Hund kann innerhalb weniger Tage in lebensbedrohlicher Weise austrocknen.

B Man sollte dem Hund Kohletabletten verabreichen.

C Man muss dafür Sorge tragen, dass der Hund genug Flüssigkeit bekommt, die er auch bei sich behält. Notfalls über eine Infusion vom Tierarzt.

D Man sollte dem Hund Milch geben.

145

Wie wird Tollwut übertragen?

A Durch Körperkontakt mit einem tollwuterkrankten Tier.

B Wenn Speichel eines tollwuterkrankten Tieres in die Blutbahn kommt, z.B. durch einen Biss.

C Durch das Anfassen von Fuchskot.

D Mücken stellen eine gefährliche Infektionsquelle für Tollwut dar.

146

Die Magendrehung ist eine lebensgefährliche Erkrankung. Kreuzen Sie die passenden Aussagen an.

A Eine Magendrehung tritt hauptsächlich bei großen Hunderassen auf.

B Hunde sollen direkt nach dem Fressen eine Ruhepause einhalten.

C Hunde sollen direkt nach dem Fressen laufen, um schneller verdauen zu können.

D Hunde sollten mehrere kleinere Portionen am Tag fressen.

147

Warum ist es wichtig, einen Hund regelmäßig gegen Tollwut impfen zu lassen?

A Die Tollwutimpfung ist gesetzlich vorgeschrieben.

B Tollwut ist eine Infektionskrankheit, mit der sich auch Menschen infizieren können.

C Eine Tollwutimpfung ist überflüssig; Tollwut kommt in Deutschland überhaupt nicht mehr vor.

D Tollwutgeimpfte Hunde stehen gesetzlich besser da als ungeimpfte.

148

Warum sollten Hunde keine Geflügelknochen fressen?

A Hunde sollten generell keine Anteile von Geflügel bekommen.

B Die Knochen splittern leicht und verursachen Verletzungen im Verdauungsapparat.

C Hunde bekommen davon Mundgeruch.

D Die Knochen können sich zwischen den Zähnen verkeilen.

149

Wenn im Mietvertrag kein Hinweis zu finden ist, ob Tierhaltung erlaubt ist, darf man sich dann einen Hund anschaffen?

A Nein, erst muss man die schriftliche Erlaubnis des Vermieters einholen.

B Ja, aber nur einen Hund, der kleiner als 40 cm Schulterhöhe ist.

C Ja, ansonsten müsste ein Haltungsverbot extra erwähnt werden.

D Nein, man muss erst die Zustimmung der anderen Mieter einholen.

150

Welche Nachteile kann die Kastration einer Hündin bringen?

A Kastrierte Hündinnen werden immer dick.

B Hündinnen werden in aller Regel durch die Kastration gefährlich aggressiv.

C Fellveränderungen können auftreten.

D Ein kleiner Prozentsatz der kastrierten Hündinnen wird inkontinent.

151

Was sind typische Symptome einer Scheinträchtigkeit?

A Anschwellen des Gesäuges und Milchausfluss.

B Lustlosigkeit und gelegentlich eine stärkere Tendenz zu gereiztem oder aggressivem Verhalten

C Spielzeug umhertragen und behüten.

D Vermehrter Durst.

152

Wie können Sie dafür sorgen, dass die Zähne Ihres Hundes gesund bleiben?

A Zähne putzen.

B Möglichkeiten zum Kauen anbieten (z. B. harte Hundekuchen, Kauknochen).

C Weichfutter anbieten, das nutzt die Zähne nicht so stark ab.

D Anzeichen möglicher Probleme sofort nachgehen (z. B. Mundgeruch, Schmerzen, Appetitlosigkeit, Speicheln).

153

Wie oft muss ein grundimmunisierter Hund gegen Tollwut geimpft werden?

A Alle 6 Monate.
B Alle 12 Monate.
C Alle 24 Monate.
D Gar nicht.

154

Was sind Anzeichen eines Flohbefalls?

A Häufigeres Kratzen als sonst.
B Mein Hund kann keine Flöhe haben, da ich ihn regelmäßig bade.
C Beim Kämmen findet man kleine, schwarze Krümel im Fell.
D Flohbefall kann nur der Tierarzt mittels eines aufwendigen Testverfahrens feststellen.

155

Darf man seinen Hund neben dem PKW herlaufen lassen?

A Nur, wenn man es eilig hat.
B Nein, das ist laut Straßenverkehrsordnung verboten.
C Ja, wenn der Hund langsam daran gewöhnt wird.
D Ja, aber nur auf Feldwegen.

156

Welche Rechtsgebiete können für Hundehalter relevant sein?

A Strafrecht, Zivilrecht und Ordnungswidrigkeitenrecht.
B Kommunale Bestimmungen.
C Tierschutzrecht.
D Keines, man kann sich notfalls damit herausreden, dass man den Gesetzestext nicht kennt.

157

Was ist zur Mitnahme von Hunden im Auto zu sagen?

A Der Hund sollte auf dem Beifahrersitz sitzen.
B Der Hund sollte im Kofferraum transportiert werden.
C Der Hund sollte im Auto gesichert transportiert werden.
D Man kann den Hund z.B. in einer Transportbox, die auf dem Rücksitz befestigt ist, transportieren.

158

Ist eine Haftpflichtversicherung für den Hund sinnvoll?

A Ja, denn jeder Hund kann einen Schaden verursachen, für den sein Halter dann haftet.
B Es ist im Tierschutzgesetz vorgeschrieben.
C Ohne Haftpflichtversicherung darf der Hund nie frei laufen.
D Es ist nicht sinnvoll, sondern eine unnötige Geldausgabe.

159

Ist Kettenhaltung in Deutschland grundsätzlich erlaubt?

A Ja, es gibt diesbezüglich keine besonderen Bestimmungen.
B Nein, die Kettenhaltung ist in Deutschland verboten.
C Ja, aber die Kette muss mindestens einen Meter lang sein.
D Nein, an einer speziellen Laufleinenvorrichtung dürfen die Hunde aber angebunden gehalten werden.

160

Ist es in Deutschland gestattet einem Hund Rute oder Ohren zu kupieren?

A Ja, dies ist durch bestimmte Rassebestimmungen vorgeschrieben.

B Ja, aber nur innerhalb der ersten 16 Wochen, weil die Hunde in dieser Zeit noch kein Schmerzempfinden haben.

C Nein, es ist verboten.

D Jagdlich geführten Hunden dürfen weiterhin die Ruten kupiert werden.

161

Ist die Kastration in Deutschland erlaubt?

A Ja, die Kastration ist erlaubt.

B Nein, die Kastration ist durch das Tierschutzgesetz verboten.

C Hunde dürfen nur kastriert werden, wenn ein medizinischer Grund vorliegt.

D Ja, aber erst ab einem Alter von einem Jahr.

162

Was geschieht im Falle eines Unfalls, wenn ein Hund ungesichert im Auto transportiert wird?

A Er kann aus dem Fahrzeug geschleudert werden und weglaufen.

B Eigentlich kann nichts Schlimmes passieren, da die Hunde ja zumeist im Auto liegen.

C Der Hund kann bei einem Autounfall ein erhebliches Verletzungsrisiko für Insassen darstellen und auch selbst schwer verletzt werden.

D Dem Fahrer kann unabhängig vom Unfallhergang eine Teilschuld zugesprochen werden.

163

Gibt es gesetzliche Vorschriften für die Zwingerhaltung von Hunden?

A Nein.

B Ja, diese stehen in der Tierschutz-Hundeverordnung.

C Ja, sie besagen, dass nur Hunde, die größer als 40 cm Schulterhöhe sind, in Zwingeranlagen gehalten werden dürfen.

D Ja, der Hund darf nicht länger als zwei Stunden täglich im Zwinger gehalten werden.

164

Welchen Ausdruck zeigt dieser Hund?

A Der Hund ist neutral bis aufmerksam.

B Der Hund ist ängstlich.

C Der Hund droht selbstsicher.

D Der Hund ist unterwürfig.

165

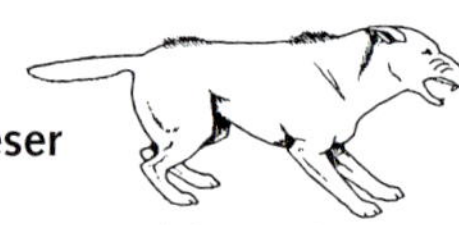

Welchen Ausdruck zeigt dieser Hund?

A Der Hund ist neutral bis aufmerksam.

B Der Hund droht aus Unsicherheit.

C Der Hund ist friedfertig.

D Der Hund ist unterwürfig.

166

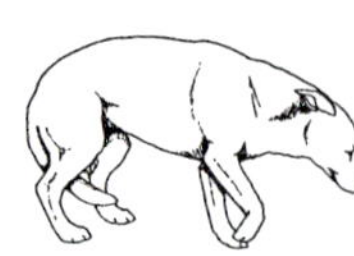

Welchen Ausdruck zeigt dieser Hund?

A Der Hund ist neutral bis aufmerksam.

B Der Hund ist stark ängstlich.

C Der Hund ist aggressiv.

D Der Hund ist unterwürfig.

167

Welchen Ausdruck zeigt dieser Hund?

A Der Hund ist neutral bis aufmerksam.

B Der Hund ist erschöpft.

C Der Hund zeigt eine Spielaufforderung.

D Der Hund ist unterwürfig.

168

Welchen Ausdruck zeigt dieser Hund?

A Der Hund ist unsicher und leicht unterwürfig.

B Der Hund ist neutral bis aufmerksam.

C Der Hund ist müde.

D Der Hund zeigt eine Spielaufforderung.

169

Welchen Ausdruck zeigt dieser Hund?

A Der Hund ist ängstlich und unterwürfig.

B Der Hund ist neutral bis aufmerksam.

C Der Hund droht unsicher und ist erregt.

D Der Hund zeigt eine Unterwerfungsgeste.

170

Welchen Ausdruck zeigt dieser Hund?

A Der Hund ist ängstlich und unterwürfig.

B Der Hund ist neutral bis aufmerksam.

C Der Hund ist müde.

D Der Hund droht unsicher und ist erregt.

171

Welchen Ausdruck zeigt dieser Hund?

A Der Hund ist ängstlich und unterwürfig.

B Der Hund ist neutral bis aufmerksam.

C Der Hund ist müde.

D Der Hund zeigt eine Unterwerfungsgeste.

Der Hundeführerschein des BHV

Die Prüfung für den Hundeführerschein des BHV ist in zwei Abschnitte unterteilt. Im theoretischen Teil wird die Sachkunde des Hundehalters überprüft, das heißt sein Wissen über Hundehaltung und Hundeerziehung. Der praktische Teil befasst sich damit, wie Hund und Hundehalter als Team in der Öffentlichkeit auftreten.

Der praktische Teil

Im praktischen Teil wird beurteilt, ob sich Besitzer und Hund in der Öffentlichkeit bewegen können, ohne andere Menschen oder Hunde zu belästigen oder zu gefährden.

Um ein besonders gutes Bild von Mensch und Hund zu erlangen, findet die Prüfung nicht nur an einem Ort statt, sondern in unterschiedlichen Umgebungen. Diese umfassen sowohl eine ruhige und ablenkungsarme Umgebung als auch eine mit viel Ablenkung in der Stadt. Ein Hund, der sich auf einem Hundeplatz sehr gut benimmt, muss noch lange nicht das gleiche Verhalten in einer Fußgängerzone zeigen. Außerdem bietet ein innerstädtischer Bereich viele Begegnungssituationen mit Menschen jeder Altersstufen, die sich alle unterschiedlich bewegen, mit anderen Hunden und sonstige Eindrücke, so dass sich der Prüfer ein umfassendes Bild von der „Alltagstauglichkeit" des Halter-Hund-Teams machen kann. Dabei werden die Halter-Hund-Beziehung, das Auftreten des Halters mit seinem Hund in der Öffentlichkeit, der Erziehungsstand und das Verhalten des Hundes beurteilt. Ein Halter-Hund-Team kann auch durchfallen, selbst wenn der Hund sich gut benimmt und einen zufriedenstellenden Erziehungsstand aufweist, nämlich dann, wenn sich der Halter rücksichtslos in der Öffentlichkeit benimmt oder seinen Hund schlecht behandelt.

Bevor Halter und Hund zur praktischen Prüfung zugelassen werden, muss der Halter die theoretische Prüfung bestanden haben. Die Pause zwischen theoretischer und praktischer Prüfung darf nicht länger als ein Jahr sein, sonst muss die Theorieprüfung wiederholt werden.

Der Hund sollte mindestens zwölf Monate alt, mit einem Mikrochip gekennzeichnet, haftpflichtversichert und gegen Tollwut, Parvovirose, Staupe, Leptospirose und Hepatitis geimpft sein.

In der praktischen Prüfung dürfen Hilfsmittel eingesetzt werden. Es geht schließlich nicht um sportlichen Ehrgeiz, sondern um ein problemloses Auftreten von Hund und Halter in der Öffentlichkeit. Nichts spricht gegen sinnvolle Hilfsmittel, die sowieso alltäglich eingesetzt werden. Deshalb dürfen im Umgang mit dem Hund in

Maßen auch Futter, Spielzeug und Spiele, Streicheln und Loben in der Prüfung eingesetzt werden.

Die Grundausstattung sind eine Leine und ein Halsband oder Brustgeschirr. Bei der Leine darf es sich allerdings nicht um eine Ausziehleine handeln. Das Halsband muss fest verschnallbar sein oder einen Zugstopp besitzen, sofern es sich um ein Zughalsband handelt. Natürlich muss es sich auch um ein festsitzendes Brustgeschirr handeln und nicht um eine Konstruktion mit Zugwirkung unter den Achseln. Die Verwendung eines Kopfhalfers (Halti, Gentle Leader) ist ebenfalls möglich. Stachelhalsbänder sind nicht zugelassen.

Die zu prüfenden Signale können dem Hund durch Worte oder/und Sichtzeichen mitgeteilt werden. Dabei besteht keine Verpflichtung, bestimmte Signale zu verwenden. Es ist also egal auf welches Signal hin sich ein Hund zum Beispiel hinlegt, wichtig ist nur, dass er es auf ein bestimmtes Signal hin tut. Auch eine Pfeife ist zulässig.

Falls der Halter für seinen Hund Signale verwenden möchte, die nicht genannt sind, können diese nach Absprache mit dem Prüfer zugelassen werden. Das trifft besonders dann zu, wenn Halter oder Hund eine Behinderung aufweisen

Es werden maximal sechs Halter-Hund-Teams in einer Gruppe mit einem Prüfer zusammengestellt. Die speziellen Prüfungssituationen werden bei jedem Halter-Hund-Team einzeln überprüft.

Die Prüfung kann in zwei Schwierigkeitsstufen absolviert werden. In der ersten Stufe ist der Hund immer an der Leine, in der zweiten gibt es auch Prüfungsinhalte ohne Leine. Die entsprechend erreichte Stufe wird auf der Prüfungsbescheinigung vermerkt. Man kann beide Schwierigkeitsstufen in einer Prüfung oder an verschiedenen Tagen absolvieren.

Prüfungsinhalte Teil A

Der erste Teil der Prüfung erfolgt in einer ruhigen Umgebung mit wenig Ablenkungen, beispielsweise auf einem Hundeplatz, einem Parkplatz oder einer abgelegenen Wiese.

Zunächst soll der Halter den Hund kontrolliert aus einem Auto ein- und aussteigen lassen. Dies soll zeigen, dass der Halter seinen Hund dazu bringen kann, seinen Wünschen zu folgen.

In Stufe 1 werden das Gehen an lockerer Leine, eine Bleib-Übung und ein Korrekturwort geprüft. Weiterhin muss der Hund in dieser Stufe zwei der drei Kommandos Sitz, Platz und Steh beherrschen und in der jeweiligen Position verbleiben, bis er vom Halter ein anderes Signal erhält. Welche der zwei Kommandos der Hund zeigt, entscheidet der Halter. Es sind also alle Kombinationen möglich: Sitz und Platz, Steh und Platz oder Sitz und Steh.

Erst in Stufe 2 muss der Hund alle drei Kommandos beherrschen.

Bei der Bleib-Übung wird der Hund in Stufe 1 an einer geeigneten Stelle angebunden und erhält das Signal für Sitz, Platz oder Steh. Der Halter muss sich dann mindestens 30 Schritte entfernen und darf erst auf Anweisung

des Prüfers (nach ca. 2 min) zu seinem Hund zurückkehren. Der Hund muss seine Position beibehalten bis sein Halter zu ihm zurückgekehrt ist und ihm ein anderes Signal gegeben hat.

In Stufe 2 wird diese Übung auch ohne Leine durchgeführt.

Das Korrekturwort dient dazu, dass der Halter seinen Hund von irgendeiner Handlung abbringen kann. Der Hund muss auf das entsprechende Signal sofort sein Tun abbrechen. In der Prüfung wird dieses Signal in den meisten Fällen an Futter oder Spielzeug getestet, der Prüfer kann aber bei Bedarf auch eine andere Ablenkung herbeiführen.

In Stufe 2 wird diese Übung ebenfalls ohne Leine durchgeführt. Eine zusätzliche Anforderung stellt in Stufe 2 noch das Kommen auf Ruf dar, was ohne Leine geprüft wird. Hierfür müssen sich Halter und Hund in der Bewegung befinden. Das Heranrufen erfolgt aus mindestens 10 m Entfernung. Der Hund soll daraufhin zügig herankommen und sich vom Halter problemlos anleinen lassen.

Stufe 1:
- *Gehen an lockerer Leine*
- *2 der 3 Signale Sitz, Platz, Steh*
- *Bleib (angeleint), gebunden an einen Positionsbefehl, z. B. Sitz*
- *Korrekturwort*

Stufe 2:
- *Gehen an lockerer Leine*
- *Sitz, Platz, Steh*
- *Bleib (ohne Leine) gebunden an einen Positionsbefehl*
- *Korrekturwort*
- *Kommen auf Ruf*

Der letzte Teil beinhaltet Anteile aus dem praktischen Umgang mit dem Hund. Hierbei wird sowohl auf die Beziehung zwischen Halter und Hund geachtet, als auch auf die Fähigkeit des Halters seinen Hund zu kontrollieren.

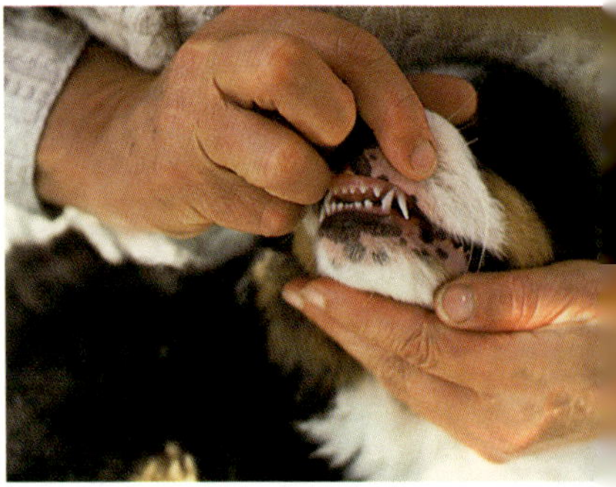

Der Hund sollte sich ohne Probleme von fremden Personen anfassen lassen. Dazu gehört auch die Kontrolle der Zähne, der Ohren und anderer Körperteile.

Praktischer Umgang mit dem Hund:
- *Kontrolle von Ohren, Zähnen und Pfoten*
- *Anlegen eines Maulkorbs oder Zubinden der Schnauze des Hundes*
- *Wegnehmen eines Spielzeugs oder Futter*
- *Eine fremde Person fasst den Hund an, wobei der Halter seinen Hund kontrolliert, um das der betreffenden Person zu ermöglichen.*

Teil B

Die zweite Prüfungssituation findet in einer öffentlichen Grünanlage, einem Hundeauslaufgebiet oder Ähnlichem statt. Dieser Prüfungsteil soll den Charakter eines Spaziergangs haben, bei dem Erziehungsstand und Verhalten des Hundes in der Öffentlichkeit beurteilt werden. In Stufe 1 ist der Hund angeleint, in Stufe 2 wird zusätzlich unangeleint geprüft. Die geforderten Begegnungssituationen sollen sich zufällig aus dem öffentlichen Verkehr ergeben oder können durch Auftragspersonen gestellt werden. In Stufe 2 richtet sich das Augenmerk vor allem auf das Zusammenspiel zwischen Halter und Hund. Der Halter sollte seinen frei laufenden Hund in Begegnungssituationen selbständig in angemessener Art und Weise unter Kontrolle halten können, um eine Belästigung oder Gefährdung durch seinen Hund auszuschließen. Mögliche Begegnungssituationen reichen von Enten bis zu alkoholisierten schwankenden Personen. Es ist schlichtweg alles möglich. Nur die Mindestanforderungen sind definiert.

Mindestanforderungen der Prüfungssituation:

- *eine Begegnung mit einem angeleinten oder frei laufenden Hund*
- *mindestens zwei Begegnungen mit Personen, die für den Hund ein ungewöhnliches oder auffälliges Erscheinungsbild haben*
- *mindestens drei Situationen, in denen Personen den Hund in schneller Fortbewegung überholen oder ihm entgegenkommen*
- *Hindurchgehen durch eine entgegenkommende Menschengruppe von mindestens 5 Personen*
- *Kinder kommen und wollen den angeleinten Hund streicheln*
- *eine fremde Person geht direkt auf den Hund zu und versucht freundlich-aufdringlich Körperkontakt zu dem Hund aufzunehmen*
- *eine fremde Person geht auf den Halter zu, spricht ihn an und schüttelt ihm die Hand*
- *ein Hundehalter mit einem sich neutral verhaltenden, angeleinten Hund begegnet dem Halter-Hund-Team, bleibt auf gleicher Höhe stehen und beginnt ein Gespräch. Nach kurzer Unterhaltung geht er mit seinem Hund weiter*

Der geforderte Erziehungsstand entspricht Teil A. Der Halter soll die Signale in situationsangemessener Weise von seinem Hund verlangen. Das Bleib wird in Stufe 1 nicht wieder geprüft, dafür aber in Stufe 2 bereits mit leichter Ablenkung.

Stufe 1:
- *Gehen an lockerer Leine*
- *2 der 3 Signale Sitz, Platz, Steh*
- *Korrekturwort*

Stufe 2:
- *Gehen an lockerer Leine*
- *Sitz, Platz, Steh*
- *Bleib unter leichter Ablenkung (ohne Leine) gebunden an einen Positionsbefehl*
- *Korrekturwort*
- *Kommen auf Ruf*

Prüfungssituationen im Teil C der praktischen Prüfung:
- *Fahrstuhlfahren mit fremden Personen*
- *Begegnung mit einer fremden Person auf einem schmalen Weg*
- *Aufsuchen eines Cafes/Restaurants und kurzes Platznehmen an einem Tisch*
- *Aufsuchen eines Geschäfts*
- *Fahren mit Bus oder Bahn*
- *Entlanggehen an einer stark befahrenen Straße*
- *Halter und Hund werden von einem Passanten geschnitten*

Teil C

Die dritte Prüfungssituation erfolgt im innerstädtischen Bereich, und zwar in einer belebten Umgebung in Form eines Stadtbummels. Dieser Teil findet für Stufe 1 und 2 mit angeleintem Hund statt.

Auch hier sollen sich die geforderten Begegnungssituationen aus dem öffentlichen Verkehr ergeben und nur im Notfall mit Auftragspersonen gestellt werden. Beurteilt wird das Verhalten in der Öffentlichkeit und der Erziehungsstand des Hundes. Der Halter soll die geforderten Signale selbstständig in situationsangemessener Weise von seinem Hund verlangen. Andernfalls wird er von dem Prüfer dazu aufgefordert.

Der geforderte Erziehungsstand entspricht dem aus Teil A. Es enfällt für beide Stufen die Bleib-Übung und für Stufe 2 das Kommen auf Ruf.

Stufe 1:
- *Gehen an lockerer Leine*
- *2 der 3 Signale Sitz, Platz, Steh*
- *Korrekturwort*

Stufe 2:
- *Gehen an lockerer Leine*
- *Sitz, Platz, Steh*
- *Korrekturwort*

Die Bewertung der praktischen Prüfung

Das Hauptaugenmerk liegt darauf, ob sich Hund und Halter ohne Belästigung oder Gefährdung Dritter in der Öffentlichkeit bewegen können. Deshalb gibt es eine getrennte Beurteilung von Hund und Halter. Der Halter kann also durchfallen, obwohl sein Hund die erforderlichen Kriterien erfüllt.

Als nicht bestanden gilt:
• Wenn der Hund seinen eigenen Halter, die Prüfer oder andere Menschen angreift.
• Wenn der Hund während der gesamten Prüfung zwei der geforderten Gehorsamsübungen gar nicht ausführt.
• Wenn zwei der Gehorsamsübungen nur mangelhaft durchgeführt werden (d. h. eine ständige Wiederholung und/oder eine ständige Einwirkung notwendig ist).
• Wenn der Hund sich in einer Situation minutenlang nicht mehr kontrollieren lässt.
• Wenn der Hund Menschen wiederholt massiv belästigt und/oder bedroht.
• Wenn der Hund andere, neutrale Hunde wiederholt massiv belästigt und/oder bedroht oder angreift.

• Wenn der Halter sich unangemessen verhält gegenüber:
– seinem Hund z. B. durch übertriebene körperliche Härte
– anderen Menschen z. B. durch Rücksichtslosigkeit
– anderen Hunden z. B durch Treten oder Anschreien anderer Hunde, die sich seinem Hund nähern
• Wenn der Halter seinen Hund nicht unter Kontrolle hat.

In den einzelnen Übungen wird das Verhalten des Hundes beurteilt sowie die Fähigkeit des Besitzers mit seinem Hund umzugehen. Bei einem unkomplizierten Hund sind die Fähigkeiten des Halters weniger entscheidend als bei einem Hund, der in bestimmten Verhaltensbereichen Probleme mitbringt. Wenn beispielsweise ein Hund durch mangelhafte Sozialisation, schlechte Erfahrungen oder Krankheit ein Problem mit anderen Hunden hat, muss der Halter im Umgang mit dem Hund zeigen, dass er eine Gefährdung oder Belästigung der Öffentlichkeit ausschließen kann.

Bei der Ausführung der Signale wird nicht nur beurteilt, ob der Hund das Signal befolgt, sondern auch, wie er sich dabei verhält. Die beste Wertung bekommt ein Hund, der die Signale umgehend und dabei freudig oder bereitwillig ausführt. Signalwiederholung, körperliche Einwirkung, Ängstlichkeit, übertriebene Unterwürfigkeit, Drohverhalten gegen die Umwelt oder den Besitzer ergeben schlechtere Bewertungen. Mangelhaft ist eine Signalausführung, wenn der Hund das Signal gar nicht befolgt, bei Signalwiederholung oder körperlicher Einwirkung Drohverhalten gegen den Halter zeigt oder bei mehrfacher Signalwiederholung oder starker körperlicher Einwirkung starkes Drohverhalten gegen die Umwelt zeigt.

Die Bewertung der theoretischen Prüfung (Sachkunde)

In der Prüfung werden durch insgesamt 40 Fragen alle Themenbereiche abgedeckt. Bei der Auswertung ergibt jede richtige Antwort einen Pluspunkt, für jede falsche Antwort wird ein Punkt abgezogen. Nicht angekreuzte Antworten ergeben weder einen Punkt noch einen Abzug.

Wenn zum Beispiel bei einer Frage statt drei richtiger Antworten nur zwei richtige Anworten und eine falsche angekreuzt werden, ergibt das zwei Pluspunkte und einen Minuspunkt. In der Gesamtwertung würde diese nicht komplett richtig beantwortete Frage immerhin noch einen Pluspunkt einbringen, es ist also nicht gleich die ganze Frage falsch.

Als bestanden gilt die theoretische Prüfung, wenn 60 % der möglichen Punktzahl erreicht worden sind.

Verzeichnisse

Adressen
Berufsverband für Hundeerzieher/innen und Verhaltensberater/innen e. V. (BHV e.V.)
Aussiedlerhof Reiterhohl
65817 Eppstein

Mo – Fr von 10 – 12 Uhr
Fon 0 61 98-5 79 00 36
Fax 0 61 98-50 13 73

Internet: www.bhv-net.de
E-Mail: bhv@bhv-net.de

Bildquellen
Die Zeichnungen wurden gefertigt von Helmuth Flubacher, Waiblingen, Seite 36, Margret Hoss, Fellbach, Seite 41, und Dr. Anna Laukner, Ibiza, Seite 16/17, 22, 40 nach Vorlagen aus der Literatur.

Kothe, Dieter, Stuttgart: Umschlagrückseite; kleines Bild oben rechts; Seite 3, 61, 62/63, 64, 109.

Kuhn, Regina, Stuttgart: Umschlag: großes Bild, kleines Bild oben links; Umschlagrückseite: oben Mitte; Seite 1, 4, 5, 11, 12, 18, 19, 21, 25, 29, 31, 33, 34, 45, 46, 47, 51, 52, 53, 55, 59, 67, 73, 74, 111.

Schanz, Ulrike, München: Umschlag: kleines Bild oben rechts.

Stuewer, Sabine, Darmstadt: Umschlagrückseite: kleines Bild oben links.

Impressum
Die Deutsche Bibliothek – CIP-Einheitsaufnahme

Ein Titeldatensatz für diese Publikation ist bei Der Deutschen Bibliothek erhältlich
ISBN 3-8001-4223-6

E-Mail: info@ulmer.de
Internet: www.ulmer.de
Printed in Germany
Lektorat: Dr. Eva-Maria Götz
DTP: Satz.Grafik Günter Heimbach
Layout: Silke Reuter
Druck und Bindung: aprinta Druck, Wemding

Literatur

Abrantes, Roger: Dog Language. Wakan Tanka Publishers, 1997.

Abrantes, Roger: The Evolution Of Canine Social Behaviour. Wakan Tanka Publishers, 1997.

Beaver, Bonnie: Canine Behavior. Saunders, 1999.

Carlson, Neil R.: Physiology of Behavior. International Student Edition, 1994.

Dawkins, Marian, Stamp: Unravelling Animal Behaviour. Longman Scientific & Technical, 1995.

Ewert, Jörg-Peter: Neurobiologie des Verhaltens. Hans Huber, 1998.

Landsberg, G.; Hunthausen, W.; Ackerman, L.: Behaviour Problems Of The Dog And The Cat, Butterworth-Heinemann, 1997.

Lieberman, David A.: Learning. Brooks/ Cole, 1993.

Manteca, Xavier: Etología Clínica Veterinaria. Multimédica, 1997.

McFarland: Biologie des Verhaltens. Spektrum Akademischer Verlag, Gustav Fischer, 1999.

Martin, G. & Pear, J.: Behavior Modification. Prentice Hall, Upper Saddle River, New Jersey, 1996.

Niemand, H.G., Suter, P.F.: Praktikum der Hundekrankheiten. Blackwell Wissenschaftsverlag, Berlin, 1994.

O´Farell, Valerie: Verhaltensstörungen beim Hund. Verlag M. und H. Schaper, 1991.

Overall, Karen: Clinical Behavioral Medicine For Small Animals. Mosby Year Books, Inc., 1997.

Quandt, Christiane & Bernauer-Münz, Heidi: Problemverhalten beim Hund. VETspezial, Gustav Fischer, 1995.

Reid, Pamela J.: Excelerated Learning. James and Kenneth, Oakland, CA, 1996.

Scott, J. P., Fuller, J. L.: Genetics And The Social Behavior Of The Dog. The University of Chicago Press, 1996.

Serpell, John: The Domestic Dog. Cambridge University Press, 1995.

Recht:

Duschner, Sabine: Hunde und Katzen im deutschen Recht. Inaugural-Dissertation zur Erlangung der tiermedizinischen Doktorwürde der Tierärztlichen Fakultät der Ludwigs-Maximilians Universität München, 1999.

Bürgerliches Gesetzbuch

Gesetz zur Bekämpfung gefährlicher Hunde

Ordnungswidrigkeiten Gesetz

Tierschutzgesetz

Tierschutz-Hundeverordnung vom 2. Mai 2001

Tierseuchengesetz

Tollwutverordnung vom 11. April 2001

Straßenverkehrsordnung

Verordnung über Ausnahmen zum Verbringungs- und Einfuhrverbot von gefährlichen Hunden in das Inland

Zum Weiterlesen:

del Amo, Celina: Probleme mit dem Hund. Verlag Eugen Ulmer, 1999.

del Amo, Celina: Welpenschule. Verlag Eugen Ulmer, 2000.

Donaldson, Jean: Hunde sind anders. Franckh-Kosmos Verlags GmbH & Co, Stuttgart, 2000.

Feddersen-Petersen, Dorit: Ausdrucksverhalten beim Hund. Gustav Fischer Verlag, 1997 .

Feddersen-Petersen, Dorit: Hunde und ihre Menschen. Franckh-Kosmos Verlags GmbH & Co, Stuttgart, 1992.

Feddersen-Petersen, Dorit: Fortpflanzungsverhalten beim Hund. Gustav Fischer Verlag, 1994.

Fisher, John u.a.: Verhaltenstörungen bei Hund und Katze. Kynos Verlag, 1996.

Fogle, Bruce: Hunde richtig erziehen. BLV Verlagsgesellschaft mbH, München, 1995.

Hallgren, Anders: Hundeprobleme – Problemhunde, Oertel + Spörer Verlag, 1997.

Jones, Renate: Welpenschule leichtgemacht. Franckh-Kosmos Verlags GmbH & Co, Stuttgart, 1997.

Laser, Birgit: Clickertraining. Cadmos Verlag Gmbh Lüneburg, 2000.

Laser, Birgit: Obedience für Einsteiger. Cadmos Verlag, 1999.

Lehari, Gabriele: Der Grosse Hundekompass. Oertel + Spörer, 2000.

Neville, Peter: Hunde verstehen. Knaur Verlag, 1993.

Pryor, K.: Positiv bestärken – sanft erziehen. Franckh-Kosmos-Verlags GmbH & Co, Stuttgart, 1999.

Rugaas, Turid: On Talking Terms With Dogs: Calming Signals. Legacy By Mail, Inc., 1997.

Schaal, Monika & Daugschieß-Thumm, Ursula: Der schwierige Hund im Training. Verlag Eugen Ulmer, 2001.

Trumler, Eberhardt: Das Jahr des Hundes. Wilhelm Heyne Verlag, GmbH & Co. KG, München, 1986.

Wegner, Wilhelm: Kleine Kynologie. Terra-Verlag Konstanz, 1995.

Wilcox, Bonnie und Walkowicz, Chris: Kynos Atlas Hunderassen der Welt. Kynos Verlag, 1991.

Winkler, Sabine: Hundeerziehung. Franckh-Kosmos Verlags-GmbH & Co, Stuttgart, 2000.

Zu Rechtsfragen:

Gängel, Andreas & Gansel, Timo: Rechtsratgeber für Hundehalter. Falken, 1998.

Trahms, Kristina: Maulkorbzwang und Leinenpflicht? Ein Rechtsratgeber für Hundehalter. Verlag Eugen Ulmer, 2001.

Wienzeck, Friedrich & Jutta: Hunde im Paragraphendschungel. Kynos kleine Hundebibliothek, 2000.

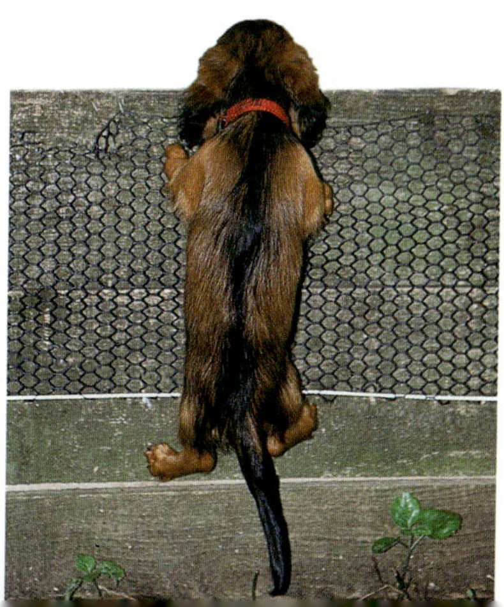

Die Autorinnen

sind mit Seminaren und Vorträgen in der Aus- und Weiterbildung von Tierärzten, Tierarzthelferinnen, Hundetrainern und Hundehaltern tätig.

Celina del Amo
ist Tierärztin. Sie hat bereits die Bücher „Spielschule für Hunde", „Probleme mit dem Hund" und „Welpenschule" veröffentlicht.

Karina Mahnke
ist Tierärztin. Celina del Amo & Karina Mahnke haben eine tierärztliche Gemeinschaftspraxis für Verhaltenstherapie und die Hundeschule "Knochenarbeit".

Dr. Renate Jones-Baade
ist Tierärztin mit einer Zusatzausbildung in Verhaltenstherapie bei Tieren mit Abschluss MSc. Sie arbeitet als Verhaltenstherapeutin und hat eine Hundeschule. Von ihr ist das Buch erschienen „Welpenschule leicht gemacht".

Register

Lösungen

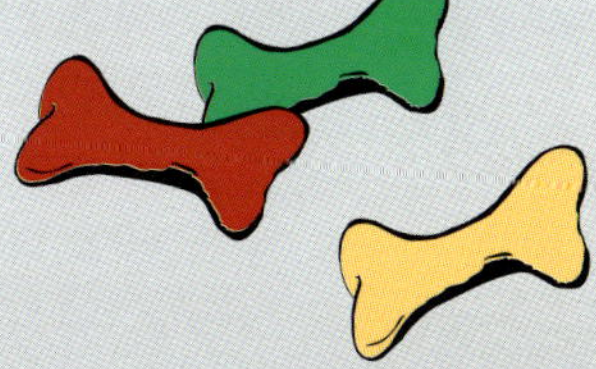

Lösungen

1 B	31 A, B, C	61 A, B	91 A, C
2 B	32 A	62 A, C	92 B, C
3 A,C	33 B, D	63 A	93 A, B
4 A,B,C	34 D	64 C	94 B, C, D
5 A,B,C,D	35 C	65 A, B	95 A, D
6 A,B,D	36 A	66 D	96 C, D
7 A, B	37 A, C	67 B, C	97 A, B, D
8 A, B, C, D	38 A, B	68 B, C	98 A
9 C, D	39 A, B, C	69 A, B, D	99 A, C, D
10 A, C	40 B	70 B, D	100 C, D
11 B, C, D	41 A, B, D	71 A, B	101 B, D
12 D	42 B	72 B, C	102 A, C
13 A	43 B, C	73 A	103 A, C
14 B, C, D	44 B	74 C	104 B
15 B	45 B, C, D	75 A	105 A, C
16 B, C	46 A, B, D	76 A, B, C	106 B
17 A, C, D	47 A	77 A, B, C	107 A
18 A, C	48 A, B, C	78 A, B, C, D	108 A, C, D
19 A, B	49 A	79 C, D	109 B, D
20 A, B	50 B	80 A, B	110 A, B, D
21 B, C	51 B, D	81 A	111 C
22 B, C	52 A	82 B, C	112 B, C
23 A, B, D	53 B, C	83 A, B, C	113 B, C
24 A, B, D	54 B, D	84 B	114 B
25 A	55 A, B, D	85 A, B	115 A, B, C
26 B	56 A, C, D	86 C	116 B
27 B	57 A, B, D	87 A, B	117 A
28 A, C	58 C	88 B, D	118 B
29 B, D	59 A, B, C	89 B, C	119 B
30 D	60 B	90 B, C	120 B, C, D

121 B	132 B, D	143 C	154 A, C
122 B	133 D	144 A, C	155 B
123 B	134 A	145 B	156 A, B, C
124 C	135 A, B, C	146 A, B, D	157 C, D
125 D	136 B	147 B, D	158 A
126 A, B, D	137 A	148 B, D	159 B, D
127 A, B	138 C, D	149 C	160 C, D
128 A	139 B	150 C, D	161 A
129 A, D	140 B, D	151 A, B, C	162 A, C, D
130 A, B, C	141 B	152 A, B, D	163 B
131 B	142 B, D	153 B	

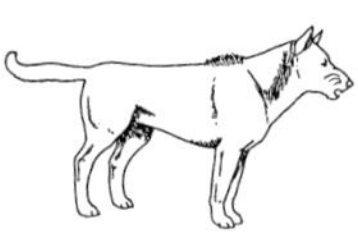

164 C

166 B, D

168 D

170 B

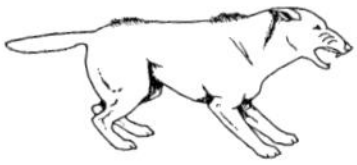

165 B

167 D

169 C

171 A, D

Tipps zur Hundehaltung.

In diesem Buch gibt es viele Tipps, die Welpen auf das turbulente Leben in der Stadt und mit seinen täglich neuen Situationen bestens vorbereiten. Dazu werden die wichtigsten modernen, welpengerechten Grundbefehle erklärt. Das Buch bietet ferner Denkanstöße für den bevorstehenden Hundekauf, Schritt-für-Schritt-Anleitungen zu Übungen der Früherziehung sowie Übungspläne.
Die Welpenschule. *Der sanfte Weg zum Familienhund. C. del Amo. 2000. 95 Seiten, 51 Farbfotos, 15 Zeichnungen. ISBN 3-8001-3111-0.*

Vor allem Kursleiter, aber auch Hundebesitzer finden hier interessante Anregungen, wie sie die Übungen auf dem Trainingsplatz neu gestalten können.
Abwechslung im Hundetraining. *Monika Schaal, Ursula Thumm. 1999. 109 Seiten. 71 Farbfotos, 17 Zeichnungen. ISBN 3-8001-7462-6.*

Dieser Grundkurs hilft dem Hundehalter, Notfälle rechtzeitig zu erkennen, die Übersicht zu behalten und die richtigen Schritte einzuleiten. Wichtige Daten und Abläufe sind in Schaubildern zusammengefasst, allgemeine Behandlungsgrundsätze werden durch Maßnahmen für spezielle Notfallsituationen ergänzt.
Grundkurs Erste Hilfe für Hunde.
Axel Bogitzky. 2000. 111 S., 53 Farbf., 27 Zeichn. ISBN 3-8001-7473-1.

Schon kleine Hunde sollten richtiges Sozialverhalten üben. Das Buch bietet Anregungen für spielerische Übungen. Wer sich noch intensiver mit seinem Hund beschäftigen will, der kann mit ihm in den sportlichen Disziplinen Agility, Mobility und Obedience aktiv werden.
Spiel und Spaß mit meinem Hund. *Agility, Mobility, Obedience. D. Baumann. 1997. 149 S., 104 Farbf., 32 Zeichn. ISBN 3-8001-7377-8.*

Mehr Bücher über Hunde.

Dieses Buch stellt sämtliche Landeshundeverordnungen übersichtlich dar. Neben dem vollständigen Abdruck der Verordnungstexte enthält es detaillierte Erläuterungen der Länderbestimmungen. Im Zusammenhang mit der Hundehaltung auftretende Rechtsprobleme werden anhand einschlägiger Gerichtsurteile dargestellt. Tipps und Adressen vervollständigen diesen Ratgeber.
Maulkorbzwang und Leinenpflicht? *Ein Rechtsratgeber für Hundehalter. K. Trahms. Ca. 192 S. ISBN 3-8001-3552-3.*

Mit über 100 Spielideen und Übungen für drinnen und draußen wird in diesem Buch gezeigt, wie man die Langeweile aus dem Hundeleben vertreibt und dem Vierbeiner ganz nebenbei auch den nötigen Gehorsam beibringt.
Spielschule für Hunde. *C. del Amo. 2. Auflage 1999. 190 Seiten, 86 Farbf. ISBN 3-8001-6901-0.*

In diesem Buch wird kompetent und übersichtlich beschrieben, wie man unter den vielen Hunden, die ein neues Zuhause suchen, den für sich passenden findet, sein Vertrauen gewinnt und mit Problemen bei Eingewöhnung und Erziehung umgeht.
Der Hund aus dem Tierheim. *G. Bailey. 2001. 160 Seiten, zahlreiche Abbildungen. ISBN 3-8001-3199-4.*

Eine optimale Fütterung ist die wichtigste Voraussetzung für die Gesundheit des Hundes. Dieses Buch erleichtert die richtige Auswahl aus der Vielfalt der Fertigfutter und Frischfutterzubereitungen. Tabellen ermöglichen einen raschen Überblick und erlauben die schnelle und direkte Umsetzung in die tägliche Fütterungspraxis.
Hunde richtig füttern. *Helmut Meyer, Jürgen Zentek. 1997. 128 Seiten, 52 Farbfotos und Farbgrafiken, 45 Tabellen. ISBN 3-8001-6873-1.*

Hunde besser verstehen lernen.

Dieses Buch macht mit dem Ausdrucksverhalten der Hunde vertraut und gibt Tipps zum richtigen Verhalten. Zeichnungen veranschaulichen die Elemente der Körpersprache. Die zur Verständigung eingesetzten Körperteile sind hervorgehoben.
Die Körpersprache des Hundes. *F. Ohl. 1999. 111 Seiten, 57 Farbfotos, 22 Zeichnungen. ISBN 3-8001-7445-6.*

Praxisnahe Darstellung problematischer Verhaltensweisen von Hunden in Training und Ausbildung. Es werden Ursachen, Abhilfemöglichkeiten, Hilfsmittel und Hausaufgaben, Hinweise zur Kursgestaltung, Methodik und Chancen für eine Integration der schwierigen Hunde in die Gruppe beschrieben.
Der schwierige Hund im Training. *M. Schaal, U. Daugschieß-Thumm. 2001. 96 S., 35 Farbfotos, 35 Zeichnungen. ISBN 3-8001-3255-9.*

In diesem Buch wird genau erklärt, wie Probleme mit dem Hund entstehen und was man dagegen tun kann. Wer die Körpersprache des Hundes kennt und weiß, wie ein Hundehirn lernt, kann so manche „Fehlverknüpfung" vermeiden.
Probleme mit dem Hund verstehen und vermeiden. *Mit 6 speziellen Trainingsprogrammen. C. del Amo. 1999. 190 Seiten, 56 Farbfotos, 11 Zeichnungen. ISBN 3-8001-7468-5.*

Dieses Buch gibt Einblick in den Körperbau und die Funktion der Organe des Hundes. Tipps zur artgerechten Haltung, Ernährung, zur Ersten Hilfe und die Beschreibung wichtiger Krankheiten mit Symptomen und Behandlungsmöglichkeiten vervollständigen dieses Buch.
Hundekrankheiten. *Vorbeugen, erkennen, behandeln. E. Ernst. 2000. 213 S., 88 Farbf., 16 Zeichn., 10 Röntgenb. ISBN 3-8001-3181-1.*